ERIKA CASPAREK-TÜRKKAN

Die Original Reis-Diät
mit einem großen Rezeptteil

Originalausgabe

WILHELM HEYNE VERLAG
MÜNCHEN

HEYNE KOCHBUCH
07/4491

Copyright © 1988
by Wilhelm Heyne Verlag GmbH & Co. KG, München
Printed in Germany 1988
Umschlagfoto: Studioh! Sigi Bumm-Hengstenberg, München
Umschlaggestaltung: Atelier Ingrid Schütz, München
Satz: Schaber, Wels
Druck und Bindung: Ebner Ulm

ISBN 3-453-00905-3

INHALT

Schlank und gesund mit Reis 9

Der Reis — woher er kommt 11

Reis — wie er angebaut und
    verarbeitet wird 13

Was alles im Reiskorn steckt 17

Reis richtig zubereiten 21
    So hebt man ihn auf 21
    Reis kochen 21
    Fertig gegarten Reis frisch halten 22
    Reis aufwärmen 23

Das unterstützt die Diät 24
    Bewegung 24
    Sauna, warme Wickel und Massagen 24
    Warum Trinken so wichtig ist 26
    Warum sich Alkohol nicht mit der
       Diät verträgt 27

Schlank bleiben — aber wie? 28

Die Reis-Diät für einen Tag —
    süß, herzhaft oder gemischt 30
    Ein Reistag, wenn ganz schnell ein Kilo
       runter soll 30

*Tips für die Vorbereitung und
Durchführung* 31

Herzhafter Reistag 33

*Reistag mit zwei süßen Mahlzeiten und einem
herzhaften Essen* 37

Süßer Reistag 40

Das geht ganz nebenbei: Mit abwechslungs-
reichen Gerichten an drei Tagen drei
Pfund leichter 43

Drei-Tage-Kurzkur mit normaler Kost 43

*Drei-Tage-Vollwert-Reiskur –
ganz ohne Fleisch* 51

*Drei Tage schlemmen und dabei auch noch
ein Kilo abnehmen* 61

Diät für eine Arbeitswoche:
Fünf-Tage-Büro-Reiskur 70

*Zu Hause zubereitet für mittags, und abends
schnell gekocht* 70

Ohne Fleisch: Sieben-Tage-Vollwert-Reisdiät ... 85

*Fleischlos glücklich mit Reis, Gemüse
und Früchten* 85

Sie macht leichter und vor allem gesünder:
Die Sieben-Tage-Reiskur — salzarm und
fleischlos 108

*Die Pfunde purzeln und der
Blutdruck sinkt* 108

Die große Drei-Wochen-Reiskur bei stärkeren
   Gewichtsproblemen 128
   *Mit Reis das Normal- oder Idealgewicht
      erreichen* 128
   Fünfzehnmal Frühstück zum Aussuchen 130

Alphabetisches Rezeptregister 186

Register nach Sachgruppen 189

Abkürzungen:

EL   = Eßlöffel
TL   = Teelöffel
Msp = Messerspitze
l   = Liter
ccm = Kubikzentimeter

Schlank und gesund mit Reis

Ein Diät-Buch, das nur dem Reis gewidmet ist, in dem die weißen Körnchen die Hauptrolle spielen? Glauben Sie ja nicht, es handle sich hier um fade Kost. Ganz im Gegenteil! Reis läßt sich in unglaublich vielen Variationen zubereiten — süß oder herzhaft. Dabei handelt es sich, wie für die Rezepte in diesem Buch verwendet, um parboiled Reis oder Vollkornreis, weil er sich denkbar unkompliziert zubereiten läßt, sein Gesundheitswert aber unbestritten hoch ist.

Meine erste Bekanntschaft mit Reis geht bis in die Kindertage zurück. In Salzwasser gekochter Weißreis, leicht klebrig, wurde als Krankenkost mehr gehaßt als geliebt, schon besser gestaltete sich mein Verhältnis zu Milchreis mit Zimt und Zucker. Im Grunde war mir Reis damals wirklich nicht wichtig. Dies änderte sich, als mich mein Beruf als Food- und Reisejournalistin rund ums Mittelmeer und in viele andere Länder der Welt führte. Erst hier stellte ich erstaunt fest, daß Reis im Verein mit Fleisch, Fisch, Gemüsen, Früchten, aromatischen Kräutern und Gewürzen köstliche Verbindungen eingehen kann. Längst kommt er bei mir mehrmals wöchentlich auf den Tisch — ein Leben ohne Reis — undenkbar! Vor allem auch deshalb, weil ich inzwischen weiß, wie gesund er ist. Richtig bewußt wurde mir diese Tatsache, als mir mein Arzt wegen Übergewicht und Bluthochdruck Reistage verordnete.

Naturreis mit Äpfeln gekocht, ungesüßt und salzlos, und das an drei Tagen! Da wurden sie wieder gegenwärtig, die Kindertage: Meine Kreativität regte sich. Am zweiten Tag änderte ich den Kurplan und kochte Reis mit etwas Gemüse, gab außerdem frische Kräuter zu. Ich blieb jedoch streng im vorgeschriebenen Kalorienrahmen, kochte natriumarm, also salzlos, ohne Zugabe von Fett oder Fleisch. Das Ergebnis befriedigte nicht nur mich, sondern auch meinen Arzt. Ich hatte einige Pfunde verloren und der Blutdruck rutschte auf die Normalgrenze herunter. Außerdem fühlte ich mich fit und vital, schlief wieder gut und auch meine Haut wirkte frisch und verjüngt. Sogar meine Gelenkschmerzen verschwanden nach und nach. Seit dieser Erfahrung setzte ich meinen Ehrgeiz in die Entwicklung leckerer, doch kalorienarmer Reisgerichte. Eine ganze Sammlung kam im Laufe der Zeit zusammen. Manche wurden einfach aus der Mittelmeerküche übernommen und brauchten, bis auf die Öl-Reduzierung, kaum verändert zu werden. Auch für Gäste habe ich schon so gekocht, und sie merkten nicht einmal, daß es sich um Diät-Gerichte handelte. Ich hoffe, daß es Ihnen mit meinen Rezepten genauso ergeht. Denn bei einer Diät sollen der Genuß, die Freude am Essen nicht fehlen, denn um so besser und konsequenter nimmt man ab.

Dem Rice Council of Amerika danke ich für die zahlreichen Auskünfte über Reis-Geschichte, -Anbau, -Verarbeitung und Warenkunde, der Kurverwaltung von Bad Bergzabern über Informationen über die Anwendung von Reis im Diätbereich.

Erika Casparek-Türkkan

Der Reis -
woher er kommt

Der Ursprung dieses Rispengrases *(Oryza sativa)* liegt im dunkeln, seine Geschichte läßt sich bis 6000 v. Chr. zurückverfolgen. Die älteste schriftliche Erwähnung findet er im Jahre 2800 v. Chr. Es wird berichtet, daß schon zu dieser Zeit der chinesische Kaiser Shen-nung zum Frühlingsfest Reis ausgesät habe. Aus indischen Handschriften weiß man, daß verschiedene Reissorten bei religiösen Zeremonien als Opfergaben verwendet wurden.

Von China breitete sich der Reisanbau nach Indonesien, von dort über den Malaiischen Archipel zu den Philippinen aus, von Indien weiter über Persien bis zu den afrikanischen Küsten. Im 4. Jahrhundert v. Chr. berichtet der Geschichtsschreiber Alexanders des Großen von Reiskulturen, die er in Indien gesehen habe, ähnliche Schilderungen gibt es über Reiskulturen in Ägypten. Griechen und Römer schätzten die Körner als Delikatesse und verwendeten schon damals den Reis für medizinische Zwecke. Im Mittelmeerraum pflanzten die Mauren den ersten Reis, und zwar in Spanien. Von dort gelangte er nach Italien. Hier wird er in der Po-Ebene seit dem 15. Jahrhundert angebaut.

Eine hübsche Geschichte rankt sich um das Auftauchen des Getreides in der neuen Welt, in Amerika. Ein schiffbrüchiger Kapitän soll seinem Gastfreund in Karolina den ersten Sack Reis zur Aussaat geschenkt haben, und Karolina-Reis gehörte noch zu Beginn des Jahrhunderts zu den feinsten Sorten. Heute liegen die großen amerikanischen Anbaugebiete weiter südwestlich in den Staaten Arkansas, Kalifornien, Louisiana, Mississippi und Texas.

In Europa wird Reis heute vor allem in Italien, Spanien und Südfrankreich angebaut.

Reis – wie er angebaut und verarbeitet wird

Meist wird Reis als Bewässerungs- oder Naßreis kultiviert, seltener als Berg- und Trockenreis. Sein Anbau ist an zwei Voraussetzungen gebunden: an Wasser und an ein heißes Klima. Zur Zeit der Blüte braucht Reis Temperaturen zwischen 30 und 35 Grad Celsius. Für den Ertrag von 1 kg Reis sind 3000 bis 10 000 Liter Wasser notwendig. Zum größten Teil wird das Getreide noch per Hand auf vorgefluteten Feldern ausgesät (Indonesien, Japan, China und Philippinen z. B.). Die amerikanischen Farmer allerdings streuen die vorgequollene Saat per Flugzeug auf ihre riesigen Felder — vorgequollen deshalb, weil die dadurch schweren Reiskörner leichter im überschwemmten Boden versinken. Daraus entwickelt sich eine 80 bis 120 cm hohe Pflanze, die auf schlankem Halm lange Rispen mit vielen Körnern trägt. Je nach Sorte dauert die Reifezeit 100 bis 250 Tage, während dieser Zeit stehen die Felder dauernd unter Wasser. Wasser nährt nicht nur die Pflanze, sondern verhindert auch das Aufkommen von Unkraut. Vor der Ernte werden die Felder trocken gelegt, dann die Rispen von den Halmen abgeschnitten, getrocknet und gedroschen.

Die Reismühle trennt die Strohhülse vom Korn, das in seinem natürlichen Zustand von einem Silberhäutchen umschlossen ist.

In dieser Form wird der Reis als *Braun-, Cargo- oder*

Naturreis bezeichnet und ist als Nahrungsmittel von allen Reissorten am wertvollsten. Allerdings ist er nur begrenzt haltbar und braucht eine längere Kochzeit (35—40 Minuten).

Reis unterscheidet sich durch Form und Kocheigenschaften:

Langkornreis ist 6—8 mm lang, der Kern hart und glasig, er kocht trocken und körnig.

Rundkornreis ist 4—5 mm lang, hat einen weichen und kalkigen Kern und kocht sehr weich. Bei uns wird er meist als *Milchreis* angeboten.

Mittelkornreis ist 5—6 mm lang und wird wesentlich dicker als das schlanke Langkorn. Sein Kern ist ebenfalls weich und kalkig, und er weist ähnliche Kocheigenschaften auf wie das Rundkorn. Mittelkornreis wird ohne Sortenangabe verkauft.

Nach seiner Verarbeitung in den Reismühlen erhält der Langkornreis Typenbezeichnungen, an denen sich die Hausfrau orientieren kann, wenn sie Nährwerte und Kocheigenschaften erkennen möchte.

Braun- oder Naturreis ist, wie bereits erwähnt, Reis in seiner natürlichsten Form mit dem begehrten Silberhäutchen, in dem die wichtigsten Vitamine, Mineral- und Vitalstoffe sitzen, er hat aber auch die längste Kochzeit und die kürzeste Haltbarkeit.

Seit einiger Zeit kommt er aber auch als *parboiled-veredelter-Naturreis* oder *parboiled Vollkornreis* auf den Markt. Er besitzt noch sein Silberhäutchen, außerdem wurde durch ein besonderes Verfahren, das im folgenden erklärt wird, seine Kochzeit auf 20 Minuten verkürzt. Er kocht locker und körnig.

Weißreis ist geschliffener und polierter Langkornreis, der durch diese Prozedur nur noch geringe Spuren von Vitaminen und Mineralien aufweist.

Schnellkochender Reis ist ein besonders bearbeiteter Weißreis, der vorgegart und wieder getrocknet wurde, er benötigt nur eine Kochzeit von 3—5 Minuten, bricht aber leicht auseinander.

Parboiled Langkornreis ist zwar geschält, enthält aber noch alle wichtigen Vitamine und Mineralien. Durch ein besonderes Verfahren, das man in Amerika seit den vierziger Jahren anwendet, wird das Korn noch in seiner Strohhülse (Paddy-Korn) mit Druck und Dampf behandelt. Die im Silberhäutchen und Keim enthaltenen wertvollen Stoffe gelangen so in den Reiskern. Erst danach wird das Korn geschliffen. Durch die »parboiled Methode« härtet sich gleichzeitig die Außenschicht und damit wird das Korn äußerst kochfest. Selbst wenn parboiled Reis einmal zu lange oder unter Druck gart, bleibt er körnig und trocken.

Für die Reisdiät in diesem Buch werden — der schnellen Garzeit, der guten Kocheigenschaften und der wertvollen Inhalte und des Geschmackes wegen — mit zwei Ausnahmen — ausschließlich parboiled Vollkornreis und parboiled Naturreis verwendet. Dieser Reis stammt aus den großen Anbaugebieten in Amerika. Parboiled Langkornreis sieht gelblich aus und hat eine stumpfe Oberfläche, nach dem Kochen ist er jedoch weiß. Seine Kochzeit beträgt 15—18 Minuten. Diese naturbelassenen Sorten schmecken wesentlich besser als der »leere« Weißreis — herzhafter und zart nussig. Um die Wirkung der Diät noch zu verstärken, empfiehlt es sich, den Reis ohne oder nur mit sehr wenig Salz zu kochen. Sie werden sehen, daß nach kurzer Eingewöhnungszeit die Geschmacksnerven sich verfeinern und der Salzverzicht, zumal bei den vielen frischen Beigaben, nicht schwerfällt.

Was alles im Reiskorn steckt

In den kleinen länglichen oder rundlichen Körnern stecken eine ganze Menge lebenswichtiger Stoffe: hochwertiges, leicht verdauliches Eiweiß, Mineralstoffe, Spurenelemente, Vitamine und Ballaststoffe. Dieses »Gesundheitspaket« kann aber nur der naturbelassene Reis vorweisen, der bei uns als Naturreis, Braun-, Vollwert- oder Vollkornreis auf den Markt kommt. Am häufigsten verwendet wird der langkörnige parboiled Reis aus den USA. Obwohl geschält, kann er doch als vollwertig angesehen werden, denn zuvor wurden durch ein besonderes Druck-Dampf-Verfahren (parboiled) seine im Silberhäutchen enthaltenen wichtigen Inhaltstoffe ins Innere des Korns transportiert. Das heißt, er ist genauso wertvoll wie Naturreis, besitzt jedoch weniger Ballaststoffe. Parboiled Reis erkennt man an seiner gelblichen Farbe. Sein großes Plus: Er verfügt über hervorragende Kocheigenschaften. Sogenannter Weißreis, strahlend weiß, ist geschält und poliert und dadurch den größten Teil seiner Vitamine und Mineralstoffe los. Hauptsächlich von dieser Reisart ernähren sich ostasiatische Völker, und da er vom ernährungsphysiologischen Standpunkt fast wertlos ist, kommt es bei einer einseitigen Reisernährung häufig zu Mangelerscheinungen, die die Beri-Beri-Krankheit, eine Vitamin-B-Mangelerkrankung, auslösen können.

Wie setzen sich nun die für die Gesundheit so wichtigen Stoffe im vollwertigen Reis zusammen?

100 g Naturreis enthalten ca. 6,8 g Eiweiß (Protein), 86,2 g Kohlenhydrate, 75,6 mg Calcium, 63 mg Kalium, 0,16 mg Eisen, 14,2 mg Natrium, 28 mg Magnesium, 113 mg Phosphor und 30 mg Silicium; außerdem 0,072 g Vitamin B_1, 0,036 Vitamin B_2, 1,84 mg Vitamin Niacin, 0,4 mg Vitamin E, 0,8 g Fett und 1,2 % Ballaststoffe. Sein Nährwert beträgt 368 Kalorien bzw. 1541 Joule.

Was bewirken diese Inhaltsstoffe?

Eiweiß: Das im Reis enthaltene Eiweiß ist aufgrund seiner speziellen Aminosäurestruktur im Vergleich zu anderen Getreidearten unübertroffen. Es wird besonders leicht vom Organismus aufgenommen und ist in der Lage, selbst in relativ geringer Menge den Proteinhaushalt des Körpers im Gleichgewicht zu halten. Unsere traditionelle Kost — also die der modernen westlichen Welt — besteht aus einem viel zu großen Anteil von tierischem Eiweiß. Dieses Überangebot wirkt sich nachweisbar nachteilig auf den gesamten Stoffwechsel aus. Hinzu kommt ein zu hoher Salz- und Zuckerkonsum. Resultat solch einer geballten Fehlernährung sind dann Zivilisationskrankheiten wie Bluthochdruck, Gicht, Diabetes, Herz- und Gefäßerkrankungen. Bei einer vernünftigen Kost, bei der der Anteil an pflanzlichem Eiweiß überwiegt, der von tierischem Eiweiß reduziert wird und Fett-, Zucker- und Salzkonsum eingeschränkt werden, lassen sich nicht nur die Folgen einer Fehlernährung vermeiden, sondern über einen längeren Zeitraum sogar wieder reparieren. Mehr darüber im Kapitel »Salzarme Reisdiät«.

Mineralstoffe: Da sind aufzuzählen Kalium, Calcium, Eisen, Magnesium, Phosphor und Natrium.

Kalium ist für die Arbeit der Zellen wichtig, ebenfalls für Muskeln, Nerven und Gehirn. Kalium beeinflußt aber vor allem den Wasserhaushalt des Körpers. Dafür ist sein hoher Gehalt von 63 mg pro 100 g Reis gegenüber dem geringen Anteil an Natrium mit 14,2 mg je 100 g verantwortlich. In einer kochsalzarmen Diät hilft Kalium, den Körper zu entwässern.

Calcium — ein unentbehrlicher Baustoff für Knochen und Zähne, aber ebenso wichtig für das Nervensystem, das Gewebe, für die Hormonproduktion der Nebennieren und für die Arbeit der Muskeln, so auch des Herzmuskels. Ohne Calcium ist auch keine Blutgerinnung möglich.

Eisen gehört zu den »Blutelementen« und ist ein Bestandteil des Hämoglobins, des roten Blutfarbstoffes. Eine seiner Aufgaben ist der Transport von Sauerstoff zu den Zellen.

Magnesium wird auch als »Anti-Streß-Mineral« bezeichnet, es hemmt die nervösen Körperfunktionen und wirkt sich bis in das Verhalten des Menschen und auf seine geistig-seelische Verfassung aus. Außerdem erfüllt Magnesium wichtige Funktionen im Nerven- und Muskelbereich, es senkt den Cholesterinspiegel im Blut, wirkt als Schutzfaktor gegen Thrombosen und Embolien, stärkt die körpereigene Abwehr, fördert die Bildung der roten Blutkörperchen und spielt im gesamten Stoffwechsel eine große Rolle.

Phosphor ist mitverantwortlich für das Knochengerüst, für die Stoffwechselvorgänge im Körper und vor allem für die Energiegewinnung. Auch für die Nerven- und Gehirntätigkeit braucht der Mensch Phosphor.

Natrium: Sein niedriger Gehalt trägt dazu bei, bei einer Reisdiät den Wasserhaushalt des Körpers positiv zu beeinflussen. Das günstige Verhältnis zum Kaliumanteil bewirkt sogar eine Entwässerung des Körpers. Deshalb ist Reis so hervorragend geeignet für alle kochsalzarmen Diätformen bei Bluthochdruck, Übergewicht, Hautkrankheiten, manchen Nierenleiden, Gicht, Rheuma.

Vitamine des B-Komplexes sind beteiligt am Kohlenhydratstoffwechsel, an der Nervenfunktion und an der Blutbildung.

Vitamin Niacin dient als Allergie- und Leberschutz und beeinflußt das Nervensystem und vor allem die Blutgefäße positiv. Außerdem reguliert Niacin den Cholesteringehalt im Blut.

Vitamin E regelt ebenfalls den Stoffwechsel und die Funktion der Keimdrüsen.

Übrigens wirkt sich besonders vorteilhaft aus, daß Reis aus kleinen Körnchen besteht. Dadurch kann er schneller und auch gründlicher aufgeschlossen werden, die Nähr- und Vitalstoffe gelangen somit unmittelbar in den Organismus.

Reis richtig zubereiten

So hebt man ihn auf

Parboiled Reis bewahrt man am besten in der Originalverpackung oder in einer Vorratsdose auf, denn er soll dunkel, kühl und trocken lagern, dann läßt er sich ohne Qualitätsverlust auch über längere Zeit aufheben. Die Nachbarschaft allzu intensiv riechender anderer Lebensmittel wirkt sich ungünstig aus, da Reis fremde Aromastoffe anzieht.

Reis kochen

Es gibt drei Grundmethoden, um parboiled Reis, der bis auf zwei Ausnahmen in allen hier vorgestellten Rezepten verwendet wird, zu kochen. Alle drei Kocharten sind ganz unkompliziert:

- **Die Wasserreis-Methode:** $\frac{3}{4}$ Liter Flüssigkeit (Wasser oder Brühe) zum Kochen bringen. 100 g parboiled Reis (ungewaschen) und etwas Salz zugeben. Den Reis kurz aufkochen, dann 15—20 Minuten ziehen lassen, über einem Sieb abgießen und abtropfen lassen.

- **Die Quellreis-Methode:** $\frac{1}{4}$ Liter Flüssigkeit (Wasser oder Brühe) in einem größeren Topf (2 Liter Inhalt) zum Kochen bringen. 100 g parboiled Reis mit etwas Salz einrühren. Topf zudecken und den Reis bei milder Hitze 15—18 Minuten, parboiled Vollkornreis 20 Minuten ausquellen lassen, bis der Reis alle Flüssigkeit aufgesogen hat. Deckel öffnen und den Reis ausdampfen lassen, dann ist er ganz trocken und fällt locker von der Gabel.

- **Die Risotto-Methode:** Wenig Fett, bei einer Diät etwa 5 g Butter oder Öl (1 Teelöffel), im Topf erhitzen, 100 g ungewaschenen parboiled Reis zugießen und unter Rühren glasig werden lassen. Mit gut $\frac{1}{4}$ Liter Flüssigkeit (Wasser oder Brühe) aufgießen, eventuell salzen und nach kurzem Aufkochen zugedeckt bei milder Hitze in 18—20 Minuten garen und ausquellen lassen, bis der Reis alle Flüssigkeit aufgesogen hat.

Für die Quellreis- und die Risotto-Methode gilt: auf 1 Teil Reis kommen 2 Teile Flüssigkeit. Wer keine Waage zur Hand hat, kann sich also mit einer Tasse, dem Meßbecher oder anderen Gefäßen helfen. Übrigens ergibt 1 Tasse ungekochter Reis 3 Tassen gekochten.

Fertig gegarten Reis frisch halten

Gegarter Reis läßt sich sehr gut auf Vorrat aufheben — das ist wichtig zu wissen, nicht nur für die Büro-Diät. Bei vielen Gerichten kann man eine Menge Zeit sparen, wenn Reis schon am Tag zuvor mitgekocht wurde. Aufheben läßt er sich *im Kühlschrank:* in einer geschlossenen Kunststoffdose oder umgefüllt in einen Frischhaltebeutel, mit einem Klip oder Drahtverschluß gegen fremde Gerüche geschützt, maximal bis zu 5—6 Tagen;

im Gefrierschrank: Tiefgekühlt bleibt der Reisvorrat hier über Monate frisch. Zu empfehlen ist, ihn portionsweise in Gefrierdosen oder -beuteln in den Kälteschlaf zu versetzen.

Reis aufwärmen

Zum Aufwärmen gibt man *gekühlten Reis* tassenweise in einen Topf, gießt pro Tasse zwei Eßlöffel Wasser zu und erhitzt auf kleiner Flamme 4—5 Minuten. Gekochter Reis kann im übrigen auch sehr gut in einem Sieb über kochendem Wasser — also in Dampf — erhitzt werden. Außerdem in einer Pfanne mit etwas Fett.

Nimmt man den *gefrorenen Reis* aus dem Gefrierfach, löst man ihn aus der Packung und erwärmt ihn in kochendem Wasser 4—5 Minuten und gießt ihn dann durch ein Sieb ab. Oder man taucht den Gefrierbeutel direkt in kochendes Wasser, bis der Reis heiß ist.

Mit der *Mikrowelle* geht es noch schneller: den Reis direkt aus der Tiefkühltruhe unter die Mikrowelle legen — im Beutel oder ausgepackt in einer Porzellan- oder Mikrowellen-Schüssel — und ohne Zugabe von Flüssigkeit eine Minute bei Mittelstufe erhitzen.

Das unterstützt
die Diät

Bewegung

Bewegung hilft nicht nur beim Abnehmen, sondern macht auch zufriedener und glücklicher. Damit ist kein Hochleistungssport und kein mühsames Hantieren mit Hanteln und Fitneßmaschinen gemeint, sondern sanfter Sport wie zum Beispiel Schwimmen und Wassergymnastik, Gymnastik überhaupt, die von den Sportvereinen und Volkshochschulen angeboten wird. Der Disziplin wegen ist es ganz gut, sich hier einer Gruppe anzuschließen. Es hilft auch schon, das Auto oder die Straßenbahn mit dem Fahrrad zu vertauschen; den Fahrstuhl außer acht zu lassen und täglich Treppen zu steigen; Besorgungen in der Nähe zu Fuß zu machen; am Wochenende raus zu fahren, zu wandern und die Natur zu entdecken. Es gibt so viele Möglichkeiten, sich Bewegung zu verschaffen.

Sauna, warme Wickel und Massagen

Sauna entschlackt, entspannt und macht widerstandsfähig gegen Infektionen — sie tut also nicht nur während der Diät, sondern eigentlich immer gut. Wer

Schwierigkeiten mit Herz oder Kreislauf hat, sollte vorher den Arzt fragen.

Warme Wickel helfen der Leber, die während der Diät das am stärksten beanspruchte Organ ist, ihre Entgiftungs- und Verbrennungsarbeit leichter zu bewältigen. Wer die Diät zu Hause machen kann, legt nach dem Mittagessen eine Liege-Ruhepause ein. Für den Leberwickel ein Baumwolltuch (gefaltetes Handtuch) in heißes Wasser tauchen, auswringen und zwischen Brust und Bauch legen. Darüber ein trockenes Handtuch legen und darauf einen Wärmebeutel oder ein Heizkissen (nicht zu heiß, sondern angenehm warm). Zugedeckt eine halbe Stunde liegen bleiben und entspannen. Wenn Sie dabei schlummern, macht dies nichts. Hinterher werden Sie sich wunderbar ausgeruht und erholt fühlen. Berufstätige können ein Leberwickel-Schlummerstündchen auf das Wochenende verlegen.

Massagen fördern die Durchblutung und helfen so beim Abnehmen. Das heißt — die verbrannten Stoffe werden leichter abtransportiert, das Fettgewebe unter der Haut mobilisiert. Massieren Sie sich täglich morgens trocken vor dem Duschen oder auch naß in der Wanne. Dazu gibt es spezielle Bürsten oder Bürstenhandschuhe. Nach der Massage mit einem Körperöl einreiben, so wird die Haut schön zart und rosig.

Kräuterbäder zwischendurch unterstützen ebenfalls die Diät, ein Rosmarin-Bad zum Beispiel. Setzen Sie zwei Eßlöffel Rosmarinblätter mit einem Viertel Liter kaltem Wasser an. Erhitzen Sie die Mischung, lassen sie zehn Minuten ziehen und seihen Sie anschließend den Sud ab. Dann in das Badewasser geben.

Warum Trinken so wichtig ist

Zwei bis drei Liter Flüssigkeit pro Tag sollten Sie während der Diät trinken — Sie wundern sich über diese Menge und fragen, ob sie nicht das Gewicht steigert. Ganz im Gegenteil. Bei einer Diät wird körpereigenes Fett verbraucht bzw. verbrannt. Dadurch entstehen Abbau- sprich Schlackenstoffe, die den Körper übersäuern können, wenn er zu wenig Flüssigkeit enthält. Der hohe Kaliumgehalt von Reis sorgt wieder für Entwässerung.

Übrigens ist die Sache mit dem vielen Trinken gar nicht so unangenehm, denn wer viel trinkt, hat weniger Hunger, weil der Magen nie ganz leer ist.

Wichtig ist jedoch, daß Sie das Richtige trinken. Keine zuckerhaltigen oder alkoholischen Getränke, auch Milch ist tabu. Sie alle enthalten Kalorien, außerdem machen Zucker und Alkohol hungrig. Erlaubt sind natriumarmes Mineralwasser, Kräuter- und Früchtetees. Hiervon gibt es eine ganze Menge wohlschmeckender Sorten — am besten, Sie kaufen gleich mehrere davon, das bringt Abwechslung in die Diät. Süßen, wenn notwendig, nur mit Süßstoff, Milch im Kaffee ist auch nicht erlaubt. Wenn Sie aber nicht darauf verzichten können, messen Sie sich Milch in einem Extrakännchen ab und verteilen diese Portion auf den ganzen Tag. $\frac{1}{4}$ Liter fettarme Milch hat 88 Kalorien.

Warum sich Alkohol nicht mit der Diät verträgt

Alkohol, der heimliche Verführer, läßt oft alle guten Vorsätze vergessen. Doch nicht nur deshalb hat er in einer Diät nichts zu suchen. Er enthält auch reichlich Kalorien und macht außerdem Appetit. Wer zum Beispiel pro Tag zwei Gläser Weißwein trinkt mit je 0,25 l, nimmt damit schon 400 Kalorien auf, so viel, wie bei einer ganzen Mahlzeit. Und satt machen diese beiden Gläser Wein sicher nicht.

Eine Ausnahme finden Sie in der »Schlemmer-Diät«. Hier wurden gegen alle Regeln dem Feinschmecker einmal eine Weinschorle und einmal Campari mit Mineralwasser zugestanden — aber nicht mehr!

Schlank bleiben - aber wie?

Sie haben abgenommen, vielleicht sogar das gesteckte Ziel, das Normal- oder Idealgewicht, erreicht. Wenn Sie sich auf diesem Erfolg ausruhen und sich wieder unüberlegt ins Eßvergnügen stürzen, sammelt sich garantiert bald erneut Gramm für Gramm an Hüften, Bauch und Po.

Vielleicht helfen Ihnen die folgenden Tips und Tricks, nicht wieder in die alten Eßgewohnheiten zurückzufallen:

- Sie dürfen ruhig essen, möglichst vollwertig, worauf Sie Appetit haben, aber nur wenn sich wirklich Hunger meldet, bei drei bis fünf Mahlzeiten pro Tag. Naschen zwischendurch, aus Frust, aus Langeweile oder anderen Gründen — das macht dick.

- Lassen Sie sich Zeit bei den Mahlzeiten, genießen Sie ohne Ablenkung, vor allem ohne Fernsehprogramm. Sie essen etwas Gutes, das ist Genuß und Unterhaltung zugleich.

- Gehen Sie nie hungrig auf ein Fest, auf eine Party — dann essen Sie garantiert mehr, und vor allem unkontrolliert, nach einigen Drinks fällt es schwer, sich eine Grenze zu setzen.

- Gehen Sie auch nie hungrig einkaufen, Sie legen mehr in den Einkaufskorb, als Sie eigentlich vorhatten. Ein Einkaufszettel hilft in jedem Fall, unüberlegten Spontankäufen aus dem Weg zu gehen.

- Essen Sie nie im Stehen in der Küche — Sie haben das Gefühl nicht satt zu werden. Hinsetzen und in Ruhe essen, dann stellt sich auch Befriedigung ein.

- Sorgen Sie für Bewegung, Spazierengehen, Joggen, Schwimmen, Radeln oder besuchen Sie ein Fitneßcenter — das hält in Form und verbraucht Kalorien.

- Überlisten Sie sich selbst, wenn zum Beispiel am Wochenende, abends nachdem Sie bereits gegessen haben, unerklärlicher Appetit Sie in Versuchung führt: Entspannen Sie sich, nehmen Sie ein heißes Bad, hören Sie dazu Musik, trinken Sie einen guten Tee, es kann auch Kräuter- oder Früchtetee sein, Schluck für Schluck, und Sie werden auch diese Hürde nehmen und den Appetit vergessen.

- Zeigt die Waage plötzlich doch ein Pfund oder ein Kilo mehr an, heißt es: Schnell einen oder zwei Reistage einlegen.

Die Reis-Diät
für einen Tag – süß,
herzhaft oder gemischt

Ein Reistag, wenn ganz schnell
ein Kilo runter soll

Das Ideal- oder Normalgewicht zu halten ist gar nicht
so leicht. Wie schell ißt man sich doch ein bis zwei
Pfündchen an, zum Beispiel während Festtagen, auf
Einladungen mit mehrgängigen Menüs oder auf Par-
tys. Ganz zu schweigen vom Urlaub, in dem man nicht
gerne an Kalorien oder Joule denken und die Köstlichkeiten aus fremden Kochtöpfen unbeschwert genießen möchte — inklusive exotischer Drinks am Tre-
sen einer schicken Bar.
Ein einzelnes »angefuttertes« Kilo stellt ja an sich noch
kein Problem dar — doch es kann schnell zu einem
werden, nämlich dann, wenn beim nächsten Über-
die-Stränge-Schlagen ein weiteres dazu kommt, und
später vielleicht noch eins usw., usw. ... Also: Dann
doch lieber das ungewünschte Kilo erst nicht lange
mit sich herumtragen, sondern auf schnellstem Wege
wieder los werden.
Dazu eignet sich nichts besser als ein Reistag mit etwa
800 Kalorien, der besonders erfolgreich ist, wenn sparsam oder — noch besser — gar nicht gesalzen wird.

Auch auf Fleisch wird an diesem Tag einmal ganz verzichtet, und Milchprodukte kommen ebenfalls kaum auf den Tisch. So dient der Reistag nicht nur dem Abnehmen, sondern auch dem Entschlacken und Entwässern. Ideal für alle, die zu leicht erhöhtem Blutdruck neigen oder zu Wasseransammlungen in den Beinen. Mit einem Reistag in der Woche läßt sich darauf regulierend einwirken. Eine Medikamenteneinnahme wird dadurch vielleicht sogar überflüssig, am besten den Arzt fragen. Übrigens wird er bei den obengenannten Beschwerden garantiert zu sparsamem Salzen raten.

Also: Zwischen einem Pfund und einem Kilo, je nach Veranlagung, kann man an einem Tag bequem verlieren. Bei den leckeren Gerichten mit Obst, Gemüse, Kräutern und Gewürzen fällt der Salzverzicht nicht allzu schwer. Außerdem können Sie sich, je nachdem, ob Sie lieber Süßes mögen oder Herzhaftes, Ihren Lieblingsreistag aussuchen, oder eine gemischte süßherzhafte Kost auf Tagesprogramm setzen. Drei Vorschläge stehen dafür zur Wahl.

Tips für die Vorbereitung und Durchführung:

● Für Berufstätige ist es günstig, den Reistag an den Wochenanfang oder ans Wochenende zu legen. Dann gibt es keine Probleme mit dem Besorgen der Zutaten. Bei der Kur am Wochenanfang kann die Reisportion für den ganzen Montag schon am Sonntagabend vorgekocht werden. Und bei dem Wochenend-Programm gibt es sowieso keine Zeitprobleme.

- Wichtig: Am Vorabend des Abendessen früh einnehmen und vor dem Zubettgehen eine Tasse leichten Abführtee trinken. So schleppt man keinen unnötigen Ballast mit in den folgenden Diät-Tag.

- Übrigens ist zum Frühstück Tee oder Kaffee selbstverständlich erlaubt — allerdings ohne Milch und nach Wunsch nur mit Süßstoff gesüßt.

- Während des Tages viel trinken, ein natriumarmes stilles Heilwasser, Früchte- oder Kräutertees. Mindestens zwei, besser drei Liter, je mehr, um so besser werden die Nieren durchspült und Giftstoffe ausgeschwemmt.

- Bei einem Reistag am Wochenende bleibt auch reichlich Zeit für ein bißchen Bewegung, Schwimmen oder Spazierengehen. Dann ist ein Kilo garantiert weg.

Nach dem Reistag nicht gleich wieder in die vollen gehen, sondern zurückhaltend mit Süßem, Fleisch, Fett und Salz umgehen, damit der schnelle Erfolg nicht genauso schnell wieder verspielt ist.

Herzhafter Reistag

FRÜHSTÜCK

Hier können Sie inzwischen einer herzhaft-knackigen und einer süßen Mahlzeit wählen, je nachdem, welche Ihnen am besten zusagt. Es werden diese zwei Angebote gemacht, weil für die meisten ein Frühstück identisch mit süß ist. Also: Suchen Sie sich eine Morgenmahlzeit aus — aber nur eine!

Herzhaftes Frühstück
mit Radieschen-Möhren-Reis

Zutaten für 1 Person:
50 g parboiled Vollkornreis
1 mittelgroße Möhre (80 g)
3–4 Radieschen (etwa 80 g)
1 TL Zitronensaft nach Geschmack 1–2 Tropfen Süßstoff
½ EL feingehackte Petersilie

Reis in ¼ l Wasser (eventuell schon am Vorabend) garen und abkühlen lassen, am besten auf einem großen flachen Teller ausbreiten — dann wird er schnell kalt.

Möhren schälen, Radieschen waschen und putzen, beide Gemüse grob raspeln und unter den Reis mischen. Mit Zitronensaft und eventuell wenig Süßstoff abschmecken, Petersilie untermischen und servieren.

230 Kalorien / 963 Joule

Süßes Frühstück mit Aprikosen-Reis

Zutaten für 1 Person:

50 g parboiled Vollkorn-   *einige Tropfen flüssiger*
reis   *Süßstoff*
5 frische (200 g) oder
getrocknete Aprikosen-
hälften (ungeschwefelt)

Bei Verwendung von getrockneten Aprikosen diese am Vorabend in $\frac{1}{4}$ l Wasser einweichen. Am Morgen den Reis im Einweichwasser mit den kleingeschnittenen Aprikosen 20 Minuten kochen — dabei zwischendurch immer wieder einmal umrühren, damit der Reis nicht ansetzt.

Gibt es frische Aprikosen, diese waschen, entkernen und vierteln. $\frac{1}{4}$ Liter Wasser zum Kochen bringen, Reis einstreuen, Aprikosen zugeben und alles zusammen 20 Minuten garen. Gelegentlich umrühren. Dann nach Geschmack mit Süßstoff süßen.

Der Aprikosen-Reis schmeckt sowohl warm als auch kalt.

294 Kalorien / 1231 Joule

ZWISCHENMAHLZEIT (pro Person)

Gurkenscheiben (200 g) = 20 Kalorien / 84 Joule
oder
1 Reiswaffel mit Buchweizen, ungesüßt (Reformhaus) = 28 Kalorien / 117 Joule

MITTAGESSEN

Tomatenreis

Zutaten für 1 Person:

50 g parboiled Vollkorn-
reis
200 g frische Tomaten
1 TL Tomatenmark

2 EL gehacktes frisches
Basilikum oder
2 EL gehackte Petersilie

Den Reis in ¼ l kochendes Wasser streuen und bei milder Hitze garen lassen. In der Zwischenzeit Tomaten mit kochendem Wasser übergießen, etwa 5 Minuten stehenlassen, dann schälen. Tomaten halbieren, Stielansätze herausschneiden und das Tomatenfleisch in kleine Würfel schneiden. Mit dem Tomatenmark unter den Reis mischen, 5 Minuten mitgaren lassen. Die gehackten Kräuter unterheben und servieren.

240 Kalorien / 1005 Joule

ZWISCHENMAHLZEIT   (pro Person)

1 Möhre (80—100 g) = 35 Kalorien / 147 Joule
oder
1 Bund Radieschen (80—100 g) = 16 Kalorien / 67 Joule

ABENDESSEN

Reis-Gemüse-Suppe

Zutaten für 1 Person:

1 mittelgroße Möhre	*40 g parboiled Vollkorn-*
1 kleine Stange Lauch	*reis*
1 Stück Sellerie oder	*1 TL Tomatenmark*
Sellerieblätter	*2 EL gehackte Petersilie*

Das Suppengemüse putzen. Möhre raspeln, Lauch in feine Ringe schneiden. Sellerie würfeln bzw. Sellerieblätter grob hacken. Reis in $\frac{1}{2}$ l kochendes Wasser streuen, zerkleinertes Gemüse bis auf die Petersilie zugeben und alles 20 Minuten kochen. Zuletzt Tomatenmark und gehackte Petersilie untermischen und servieren.

244 Kalorien / 1021 Joule

Reistag mit zwei süßen Mahlzeiten und einem herzhaften Essen

FRÜHSTÜCK

Apfelreis

Zutaten für 1 Person:

50 g parboiled Vollkorn-
reis
1 mittelgroßer Apfel
(150 g)
1 Stück fein abgeschälte
Schale von einer
unbehandelten Orange

1 EL Zitronensaft
flüssiger Süßstoff nach
Geschmack

Reis in ¼ l kochendes Wasser einstreuen. Apfel schälen und raspeln. Mit der Orangenschale unter den kochenden Reis rühren und alles 20 Minuten sanft garen.
Zuletzt Zitronensaft unterrühren und nach Geschmack mit Süßstoff süßen.
Der Reis kann sowohl warm als auch kalt gegessen
werden.

268 Kalorien / 1122 Joule

ZWISCHENMAHLZEIT (pro Person)

1 Kiwi = 45 Kalorien / 188 Joule

MITTAGESSEN

Reis-Lauch-Eintopf

Zutaten für 1 Person:

30 g parboiled Vollkorn-   *1 TL Zitronensaft*
reis   *5 g Butter*
1 dicke oder 2 kleine
Stangen Lauch (geputzt
gewogen 300 g)

Reis in knapp ¼ l Wasser garen. Lauch putzen, harte Blätter abschneiden und die hellen Teile in Stücke schneiden. In der Butter kurz andünsten, 4—5 EL Wasser zugeben und den Lauch im geschlossenem Topf etwa 15 Minuten garen. Mit dem fertigen Reis vermischen, weitere 5 Minuten sanft garen, mit Zitronensaft würzen.

260 Kalorien / 1088 Joule

ZWISCHENMAHLZEIT   (pro Person)

1 Reiswaffel mit Buchenweizen, ungesüßt (Reformhaus) = 28 Kalorien / 117 Joule

ABENDESSEN

Orange-Vanille-Reis

Zutaten für 1 Person:

40 g parboiled Vollkorn-reis
1 kleine Orange, unbe-handelt (ca. 120 g)

1 Msp gemahlene Vanille oder ½ Stange Bourbon-Vanille
1 EL Crème fraîche
Süßstoff

Reis in der doppelten Menge Wasser in 20 Minuten garen, abgeschälte Schale der halben Orange und die Vanille mit in den Topf geben. In der Zwischenzeit Orange schälen, in Spalten trennen und diese in Stücke schneiden. Von der zweiten Orangenhälfte die Schale abreiben. Reis nach dem Kochen auf einem Teller ausbreiten, so daß er schnell abkühlt. Danach mit Crème fraîche, einigen Tropfen Süßstoff und zwei Drittel der Orangenstückchen vermischen. Mit den restlichen Stückchen die Reisportion verzieren und die abgeriebene Orangenschale darüberstreuen.

246 Kalorien / 1030 Joule

Süßer Reistag

FRÜHSTÜCK

Pflaumenreis

Zutaten für 1 Person:
4 Kalifornische Trocken-   *50 g parboiled Vollkorn-*
pflaumen oder Pflaumen   *reis*
aus dem Reformhaus   *Zimt*

Pflaumen am Vorabend in $\frac{1}{4}$ l Wasser einweichen. Am Morgen die eingeweichten Pflaumen entkernen und kleinschneiden, in dem Einweichwasser zum Kochen bringen. Reis einstreuen und alles 20 Minuten bei milder Hitze garen. Zwischendurch immer wieder umrühren. Eventuell noch einige Eßlöffel Wasser zugeben. Fertigen Reis nach Geschmack mit flüssigem Süßstoff nachsüßen. Eigentlich ist es nicht notwendig, da die Pflaumen genügend Fruchtzucker enthalten. Vor dem Servieren mit etwas Zimt überstreuen.

246 Kalorien / 1030 Joule

ZWISCHENMAHLZEIT (pro Person)

1 Reiswaffel mit Buchenweizen, ungesüßt (Reformhaus) = 28 Kalorien / 117 Joule

MITTAGESSEN

Birnenreis

Zutaten für 1 Person:

1 mittelgroße Birne
(150 g)

50 g parboiled Vollkorn-
reis

Schale von ½ Zitrone,
unbehandelt

einige Tropfen flüssiger
Süßstoff

1 Prise Ingwerpulver

Birne schälen und in kleine Stücke schneiden. Knapp
¼ l Wasser (200 ccm) mit den Birnenstücken zum Kochen bringen, Reis einstreuen, abgeschälte Zitronenschale zugeben und alles rund 20 Minuten kochen lassen, zwischendurch umrühren. Vor dem Servieren Zitronenschale herausnehmen und den Birnenreis mit
etwas Süßstoff und Ingwer abschmecken.

268 Kalorien / 1122 Joule

ZWISCHENMAHLZEIT (pro Person)

1 Stück Melone (250 g) = 65 Kalorien / 272 Joule

ABENDESSEN

Himbeer-Reis

Zutaten für 1 Person:

50 g parboiled Vollkornreis

1 Msp gemahlene Vanille oder ½ Stange Bourbon-Vanille

150 g tiefgekühlte ungezuckerte Himbeeren

einige Tropfen flüssiger Süßstoff

Knapp ¼ l Wasser zum Kochen bringen, Reis einstreuen und Vanillepulver oder die aufgeschlitzte Schote und das ausgekratzte Mark zugeben und alles ca. 20 Minuten sanft kochen lassen. In der Zwischenzeit tauen die Himbeeren, wenn man sie auf einem Teller ausbreitet, auf. Aufgetaute Himbeeren im Mixer pürieren und mit etwas Süßstoff süßen. Auch den Reis nach Geschmack mit einigen Tropfen flüssigem Süßstoff abschmecken. Himbeerpüree dazu servieren oder darübergießen.

246 Kalorien / 1030 Joule

Das geht ganz nebenbei:
Mit abwechslungsreichen Gerichten an drei Tagen drei Pfund leichter

Drei-Tage-Kurzkur mit normaler Kost

Wer auf Gerichte mit Gemüse, Fleisch und Milchprodukten nicht gerne verzichtet, kann eine kurze Reisdiät von nur drei Tagen selbstverständlich auch mit normaler gemischter Kost wählen und dabei etwa drei Pfund abnehmen. Wichtig ist, daß die Grenze von etwa 1000 Kalorien nicht überschritten wird. Zurückhaltung beim Salzen ist auch hier angeraten. Aber was das Trinken betrifft, eher das Gegenteil. Bis zu drei Liter Flüssigkeit am Tag in Form von salz- bzw. natriumarmem Mineralwasser, Früchte- und Kräutertees sollten getrunken werden.

Tip: Wer Milchkaffee heiß und innig liebt, und ohne ihn nicht auskommt, mißt am Morgen zusätzlich ¼ l fettarme Milch ab, füllt sie in ein extra Kännchen und verteilt sie auf die Kaffeeportionen über den ganzen Tag. Dafür müssen allerdings 125 Kalorien extra berechnet werden. Ganz Eiserne lassen zum Ausgleich einfach die eine oder andere Zwischenmahlzeit weg.

FRÜHSTÜCK

Vollkornbrot mit Tomate und Kresse

Zutaten für 1 Person:

1 Scheibe Vollkornbrot	*½ Kästchen Kresse*
(40 g)	*1 Tomate*
5 g Butter	

Brot mit Butter bestreichen. Kresse mit einer Schere abschneiden, damit das Brot belegen und die Tomatenscheiben dachziegelartig daraufschichten.

145 Kalorien / 607 Joule

MITTAGESSEN

Kohl-Reis-Suppe

Zutaten für 2 Personen:

50 g Bündner Fleisch	*je 1 Prise Kümmel und*
1 kleine Zwiebel	*Anis*
1 TL Sonnenblumenöl	*½ TL Oregano*
1 kleiner Wirsingkohl	*60 g parboiled Vollkorn-*
(400 g)	*reis*
¾ l Gemüsebrühe	*2 EL geriebener*
(Instant a. d. Reformhaus)	*Parmesankäse*

Das Bündner Fleisch in kleine Würfel schneiden, die Zwiebel putzen und ebenfalls klein würfeln. In einem Topf das Öl erhitzen, Fleischwürfelchen und Zwiebel darin dünsten. In der Zwischenzeit den Kohl putzen, dabei die harten Außenblätter und die Strünke entfernen, zarte Blätter in Streifen schneiden. Kohl in den Topf geben, unter die Fleisch-Zwiebel-Mischung rühren, dann die Gemüsebrühe zugießen. Mit Kümmel, Anis und Oregano herzhaft würzen. 10 Minuten kochen lassen. Dann den Reis einstreuen und die Suppe in weiteren 20 Minuten fertig garen. Abschmecken, servieren, bei Tisch auf jede Suppenportion Parmesankäse streuen.

Pro Portion 323 Kalorien / 1352 Joule

ABENDESSEN

Vanille-Reiskugel auf Erdbeersauce

Zutaten für 2 Personen:

125 g parboiled Vollkorn-reis	*Süßstoff*
1 Vanillestange	*150 g TK-Erdbeeren*
2 EL süße Sahne	*1 TL Honig*

Reis mit der aufgeschlitzten und ausgeschabten Vanilleschote in der doppelten Menge Wasser 15—20 Minuten garen. Sahne steif schlagen und mit Süßstoff nach Geschmack unter den etwas abgekühlten Reis mischen. Diesen auf zwei mit Wasser ausgespülte Glaskelche oder Dessertschüsselchen in Halbkugelform verteilen und in den Kühlschrank stellen — etwa ½ Stunde.

In der Zwischenzeit tiefgekühlte Beeren auftauen lassen, ⅔ davon im Mixer pürieren, mit Süßstoff abschmecken.

Nach dem Abkühlen jede Reiskugel auf einen großen flachen Teller stürzen, die Beerensauce um die Kugel gießen und alles mit den restlichen ganzen Beeren belegen. Zuletzt über jede Portion ½ TL Honig träufeln und servieren.

Pro Portion 340 Kalorien / 1423 Joule

2 ZWISCHENMAHLZEITEN (pro Person)

1 kleiner Apfel (100 g) = 55 Kalorien / 230 Joule
1 Knäckebrot mit 1 TL Diät-Konfitüre = 55 Kalorien / 230 Joule

---

2. TAG

FRÜHSTÜCK

Vollkornbrot mit Frischkäse

Zutaten für 1 Person:
1 Scheibe Vollkornbrot (40 g)   *1 EL körniger Frischkäse*
1 EL Schnittlauchröllchen

Brot mit Frischkäse belegen und mit Schnittlauch bestreuen.

118 Kalorien / 494 Joule

MITTAGESSEN

Indonesischer Reis

Zutaten für 2 Personen:

1 TL Sonnenblumenöl	*Ingwerpulver*
200 g Tatar	*Pfeffer*
1 Stange Lauch (1150 g,	*1 Prise Cayennepfeffer*
geputzt gewogen)	*1 Dosen Sojabohnen-*
100 g parboiled Lang-	*sprossen*
kornreis	*1 EL Sojasauce*
2 Tassen Steinpilzbrühe	
(Vitam a. d. Reformhaus)	

In einer beschichteten Pfanne das Öl erhitzen. Das Tatar hineinkrümeln und unter Wenden anbraten.
Lauch putzen und in Ringe schneiden. Ebenfalls in die
Pfanne geben und mit andünsten. Dann den Reis zugeben, unterrühren, Brühe zugießen und alles kräftig
mit Ingwer, Pfeffer und Cayennepfeffer würzen. Einen
Deckel auf die Pfanne setzen und alles 10 Minuten
sanft garen lassen. Dann die abgegossenen Sojaspros-
sen zugeben, weitere 10—15 Minuten garen. Zuletzt
mit Sojasauce abschmecken.

Pro Portion 401 Kalorien / 1697 Joule

ABENDESSEN

Reisauflauf mit Birnen

Zutaten für 2 Personen:

125 g parboiled Vollkorn-reis	*1 Ei*
abgeriebene Schale von	*50 g kalorienarmer*
½ Orange oder Zitrone	*Frischkäse (20 % Fett)*
(unbehandelt)	*1 reife Birne (150 g)*
flüssiger Süßstoff	*5 g Butter*
	Zimt

Reis mit der abgeriebenen Orangen- oder Zitronen-schale in der doppelten Menge Wasser in 20 Minuten gar kochen. Mit flüssigem Süßstoff nach Geschmack süßen. Eigelb mit 2 EL Wasser, Frischkäse und etwas Süßstoff gut verschlagen. Eiweiß zu steifem Schnee schlagen. Birne schälen, vierteln, Kernhaus entfernen und die Birne grob raspeln. Reis mit Eigelb und Birne vermischen, den Eischnee unterziehen und alles in eine gebutterte Auflaufform füllen. Mit etwas Zimt be-stäuben und 15—20 Minuten bei 220 Grad im Ofen backen.

Pro Portion 367 Kalorien / 1536 Joule

2 ZWISCHENMAHLZEITEN (pro Person)

1 kleiner Apfel (100 g) = 55 Kalorien / 230 Joule
1 Knäckebrot mit 1 TL Diät-Konfitüre = 55 Kalorien / 230 Joule

FRÜHSTÜCK

Honigbrot

Zutaten für 1 Person:
1 Scheibe Vollkornbrot   *5 g Butter*
(40 g)   *1 TL Honig*

Kaffee oder Tee nach Belieben, nur mit Süßstoff gesüßt.
Das Brot mit Butter und Honig bestreichen.
165 Kalorien / 691 Joule

MITTAGESSEN

Thunfisch-Reis

Zutaten für 2 Personen:
1 Knoblauchzehe
1 Zwiebel (50 g)
1 TL Öl
100 g Reis
2 Blättchen Salbei
½ TL frische oder
getrocknete Thymian-
blättchen

¼ l Gemüsebrühe
(Instant a. d. Reformhaus)
2 Tomaten
1 EL Tomatenmark
½ Dose Thunfisch
naturell, ohne Öl (125 g
Abtropfgewicht)
schwarzer Pfeffer aus der
Mühle

Knoblauchzehe und Zwiebel schälen, Knoblauch in
hauchdünne Scheibchen schneiden, Zwiebel fein

würfeln. Öl in einer beschichteten Pfanne erhitzen und beides darin glasig dünsten. Reis zufügen und unter Rühren so lange mitdünsten, bis er glasig ist. Salbei- und Thymianblättchen fein zupfen (getrocknete Kräuter im Mörser zerreiben) und mit in die Pfanne geben. Tomaten enthäuten und in kleine Würfel schneiden, kurz in der Pfanne andünsten, Brühe angießen und Tomatenmark mit unterrühren. Deckel auf die Pfanne setzen und Hitze herunterdrehen. Auf kleiner Flamme das Reisgericht ca. 20 Minuten garen. Thunfisch abtropfen lassen und etwas zerpflücken. Unter den Reis heben und mit grob gemahlenem Pfeffer würzen.

Pro Portion 298 Kalorien / 1247 Joule

ABENDESSEN

Ei-Reissuppe

Zutaten für 2 Personen:
¾ l Gemüsebrühe   2 EL gehackte Petersilie
(Instant a. d. Reformhaus)   1 Ei
70 g parboiled Vollkorn-   5 EL Milch
reis   2 EL geriebener
1 Prise Muskat   Parmesan

Die Gemüsebrühe zum Kochen bringen, den Reis darin 20 Minuten garen. Mit Muskat und Petersilie würzen. Ei mit der Milch gut verquirlen und unter ständigem Rühren mit dem Schneebesen in die Suppe laufen lassen. Das Ei muß dabei flockig gerinnen. Suppe auf zwei Teller verteilen, jede Portion mit 1 EL Parmesan bestreuen.

Pro Portion 249 Kalorien / 1042 Joule

Vorweg: 1 Salatplatte aus 1 Kopfsalat, 100 g Gurke, 1 Tomate, mit Zitrone beträufelt und reichlich Schnittlauch bestreut.

Pro Portion 25 Kalorien / 105 Joule

2 ZWISCHENMAHLZEITEN (pro Person)

1 große Möhre (150 g) = 52 Kalorien / 218 Joule
1 Knäckebrot mit 1 EL körnigem Frischkäse und 1 EL Schnittlauch = 56 Kalorien / 234 Joule

Drei-Tage-Vollwert-Reiskur – ganz ohne Fleisch

Wenn schon abnehmen, dann auch richtig gesund: mit leckeren, naturbelassenen Zutaten und einmal ganz ohne Fleisch. Der Konsum an tierischem Eiweiß, sprich Wurst, Steak oder Braten, ist nach der Statistik zu hoch und die Ärzte wissen, das schadet nur. Fleisch, Fett, Zucker und »leere« ballaststoffarme Kalorien, davon über Jahre und Jahrzehnte immer viel zu viel — kein Wunder, daß der Körper streikt, wir uns buchstäblich krank essen. Stoffwechsel- und Kreislaufbeschwerden, Gicht und Rheuma, Störung der Darmtätigkeit, Probleme mit den Gelenken, das rangiert dann unter dem Begriff »Zivilisationskrankheiten«.

Um ihnen zu begegnen, wird die vegetarische Ernährung, früher von vielen eher belächelt, heute sehr ernstgenommen, denn sie enthält alle die lebensnotwendigen Vitalstoffe, die vielen industriell gefertigten und auch noch mit Chemie angereicherten Lebensmitteln abgehen. Vollwertig, das bedeutet, daß neben den Vitaminen die Mineralstoffe, die Spurenelemente, die hochungesättigten Fettsäuren, Fermente und natürlichen Aromastoffe im Nahrungsmittel noch enthalten sind.

Wer sich damit ernährt, den Fleischkonsum einschränkt oder ganz auf ihn verzichtet, lebt gesünder, vitaler und ist weniger anfällig gegen Krankheiten. Haben Sie nicht auch schon einmal mit dem Gedanken gespielt, vielleicht auch angeregt durch die Tschernobyl-Folgen, Fleischprodukten auf Ihrem täglichen Speiseplan nur noch eine Nebenrolle einzuräumen, oder sie ganz aus dem Programm zu entfernen? Es läßt sich leicht durch andere Lebensmittel wie Gemüse, Obst und Getreide ersetzen — nicht zu vergessen den Reis, der hochwertiges Eiweiß als einen der vielen wichtigen Inhaltsstoffe besitzt. Wie wäre es dann mit einer Drei-Tage-Kostprobe? Als Diät bringt sie Ihnen auch noch einen Erfolg ein — drei Pfund weniger an Gewicht.

Reichen Ihnen etwa drei Tage nicht, und findet die Vollwertkost schon längst Ihre Sympathie: Bitte sehr, dann schlagen Sie einmal Seite 85 ff. auf, dort gibt es eine ganze Woche mit vollwertigen fleischlosen leckeren Diät-Rezepten, mit denen Sie etwa zwei bis drei Kilogramm auf gesunde Art abnehmen können.

Ein Kompromiß wurde allerdings gemacht: Süßstoff hat bei gewissenhafter Vollwerternährung eigentlich nichts zu suchen, wurde aber aus Kaloriengründen hier trotzdem eingesetzt. Wer es genau nehmen möchte, verwendet sparsam Honig. Ein Teelöffel Honig hat übrigens 30 Kalorien. Wenn Sie zum Frühstück Tee oder Kaffee mit Honig, statt mit Süßstoff gesüßt trinken, muß die Differenz addiert werden. Die Gesamtmenge pro Tag hält sich bei dieser Diät unter 1000 Kalorien.

---

1. TAG

FRÜHSTÜCK

Knäckebrot mit Radieschen

Zutaten für 1 Person:
1 Scheibe Knäckebrot   *1 Bund Radieschen*
5 g Butter

Knäckebrot mit Butter bestreichen und dicht mit Radieschenscheiben belegen. Restliche Radieschen dazu essen.

85 Kalorien / 356 Joule

MITTAGESSEN

Reis-Omelett mit roher Tomatensauce

Zutaten für 2 Personen:

60 g parboiled Vollkorn-
reis
2 Eier
5 EL Milch
Salz
Pfeffer
Muskat
1 Bund Schnittlauch
1 EL Parmesankäse
1 TL Pflanzenöl

2 große Tomaten (300 g)
2–3 Tropfen Olivenöl,
kaltgepreßt
2–3 Tropfen Balsamico-
Essig
1–2 Tropfen flüssiger
Süßstoff
1 EL gehacktes oder 1 TL
getrocknetes Basilikum
1 Prise Cayennepfeffer

Reis in der doppelten Menge Wasser 20 Minuten garen. Eier trennen. Eigelb mit Milch verquirlen, mit Salz, Pfeffer und Muskat nach Geschmack würzen. Eiweiß zu steifem Schnee schlagen und mit dem Schnittlauch und dem Parmesan sowie dem inzwischen abgekühlten Reis unter die Eigelbmischung heben. Eine beschichtete Pfanne mit Öl einpinseln und zwei Omeletts backen.

Für die Tomatensauce Tomaten mit kochendem Wasser überbrühen und abziehen. Zwei Drittel der Tomatenmenge im Mixer mit Olivenöl, Balsamico-Essig und Süßstoff pürieren. Restliche Tomate fein würfeln, Basilikum hacken und alles unter die Tomatensauce mischen. Zuletzt mit Salz und Cayennepfeffer abschmecken. Kalt zu den Reis-Omeletts reichen.

Pro Portion 294 Kalorien / 1231 Joule

ABENDESSEN

Reisbecher mit Früchten

Zutaten für 2 Personen:

80 g parboiled Vollkorn-
reis
1 Stückchen Zitronen-
schale (unbehandelt)
1 EL Crème fraîche
Süßstoff

300 g Erdbeeren, frisch
oder tiefgekühlt
1 Kiwi
4–6 frische Minze- oder
Zitronenmelisse-Blättchen

Reis mit der Zitronenschale in der doppelten Menge Wasser 20 Minuten garen, dann auskühlen lassen. Danach in eine Schüssel geben. Crème fraîche mit eventuell 2—3 EL Wasser unterrühren, mit Süßstoff abschmecken. Den Reis in Portionsbecher oder in Dessertschalen füllen und kühl stellen. Erdbeeren waschen, putzen und vierteln, Kiwi schälen und in dünne Scheiben schneiden, unter die Beeren mischen (TK-Beeren auftauen lassen und genauso verfahren). Die Früchte auf den Reis häufen und mit den Minzeblättchen garnieren.

Pro Portion 213 Kalorien / 892 Joule

2 ZWISCHENMAHLZEITEN (pro Person)

1 kleines Glas frisch gepreßter Orangensaft (0,1 l) = 46 Kalorien / 193 Joule
1 Reiswaffel mit Buchweizen (Reformhaus) mit 1 TL Crème fraîche und 1 TL Honig = 96 Kalorien / 402 Joule

FRÜHSTÜCK

Herzhaftes und süßes Knäckebrot

Zutaten für 1 Person:
2 Scheiben Knäckebrot *1 TL kalorienarme*
1 TL Tomatenmark *Konfitüre*
1 Scheibe fettarmer
Edamer Käse (10 %)

Eine Knäckebrotscheibe mit Tomatenmark bestreichen und mit Käse belegen, eine mit der Konfitüre bestreichen. Dazu Tee oder Kaffee, gesüßt mit Süßstoff.

126 Kalorien / 527 Joule

MITTAGESSEN

Möhren-Reis-Salat

Zutaten für 2 Personen:
100 g parboiled Vollkorn- *Ingwerpulver*
reis *2 TL Sonnenblumenöl*
Salz *1 Frühlingszwiebel*
125 g junge Möhren *100 g Egerlinge oder*
1 EL Weinessig *Champignons*
½ TL Honig *1 EL gehackte Petersilie*
Pfeffer aus der Mühle

Den Reis in der doppelten Menge leicht gesalzenem Wasser in etwa 20 Minuten garen. Während der Reis kocht, die Möhren putzen und in hauchdünne Scheibchen schneiden. Aus Essig, 1 EL Wasser, Honig, Pfeffer, Salz, Ingwerpulver und Öl eine Marinade rühren. Mit dem heißen Reis und den Möhrenscheiben mischen und zum Abkühlen und Durchziehenlassen 20 Minuten beiseite stellen. Jetzt noch die Frühlingszwiebel putzen und in Ringe schneiden, die Champignons abbrausen und in Scheibchen schneiden. Kurz vor dem Servieren Zwiebel und Champignons unter den Reis mischen und mit gehackter Petersilie bestreut servieren.

Pro Portion 270 Kalorien / 1130 Joule

ABENDESSEN

Schokoreis mit Birnen

Zutaten für 2 Personen:

125 g parboiled Lang-
kornreis
1 TL entöltes reines
Kakaopulver
4 EL süße Sahne

flüssiger Süßstoff
2 kleine reife Birnen,
z. B. Williams Christ
(300 g)

Reis in ¼ l kochendes Wasser einstreuen und bei milder Hitze garen lassen. Kakaopulver mit Sahne und einigen Spritzern Süßstoff verrühren und gut unter den Reis mischen. Wer ihn gerne sämiger hat, rührt einfach noch 2—3 EL Wasser unter. Birnen waschen und mit der Schale halbieren, vierteln, die Kerngehäuse herausschneiden. Eine Birne in kleine Stückchen schneiden und unter den Schokoladenreis mischen. Die zweite Birne in Scheibchen schneiden und damit jede Reisportion vor dem Servieren belegen.

Pro Portion 404 Kalorien / 1691 Joule

2 ZWISCHENMAHLZEITEN (pro Person)

1 kleines Glas naturtrüber Apfelsaft (0,2 l) = 94 Kalorien / 393 Joule
1 Vollkornzwieback mit 5 g Butter = 79 Kalorien / 331 Joule

---

3. TAG

FRÜHSTÜCK

Müsli mit Apfel

Zutaten für 1 Person:
2 EL Müslimischung   ½ geriebener Apfel
(ungezuckert, z. B.   (100 g)
Dr. Oetker, Kellogs)   Süßstoff nach Geschmack
2 EL fettarmer Joghurt

Müsli am Vorabend in wenig Wasser zum Quellen ansetzen. Am Morgen Joghurt, geriebenen Apfel und einige Tropfen Süßstoff untermischen.

130 Kalorien / 544 Joule

MITTAGESSEN

Artischockenreis mit Grill-Tomaten

Zutaten für 2 Personen:

125 g parboiled Langkornreis
4 kleine Tomaten (ca. 200 g)
Pfeffer
Oregano
Salz
1 TL Olivenöl

½ Dose Artischockenherzen (ca. 3 Stück = 120 g)
⅛ l trockener Weißwein
etwas abgeriebene Zitronenschale, unbehandelt
1 EL gehackte Petersilie

Den Reis in der doppelten Menge Wasser 15 Minuten garen. In der Zwischenzeit die Tomaten halbieren, pfeffern, salzen, mit Öl einpinseln und unter den Grill schieben. Die Artischockenherzen aus der Dose nehmen, gut abtropfen lassen, kleinschneiden und in dem Wein erhitzen. Den Reis mit den abgegossenen Artischocken, etwas Zitronenschale und Petersilie mischen, mit Salz und Pfeffer abschmecken. Dazu die Grill-Tomaten reichen.

Pro Portion 343 Kalorien / 1436 Joule

ABENDESSEN

Pikanter Reis auf Feldsalat

Zutaten für 2 Personen:

100 g Feldsalat
1 rote Zwiebel
2 TL Walnußöl
2 EL Sherry- oder
Himbeeressig
Salz
Pfeffer
1 Tütchen getrocknete
Steinpilze

100 g parboiled Lang-
kornreis
2 EL geriebener Edamer
Käse
1–2 Tropfen
Sonnenblumenöl
2 Eier

Den Feldsalat gründlich waschen, Zwiebel putzen, halbieren und in Streifen schneiden. Aus Zwiebel, Walnußöl, Essig und Salz und Pfeffer eine Marinade rühren.
Steinpilze kurz in wenig Wasser einweichen. Reis in die doppelte Menge gesalzenes Wasser einrieseln lassen, abgetropfte Pilze zugeben und alles etwa 15—18 Minuten garen. Den fertigen Reis kurz ausdampfen lassen, in eine Schüssel geben. Pfeffer und geriebenen Käse unterheben. Pfanne erhitzen, mit Öl einpinseln und die Spiegeleier braten, salzen und pfeffern. Jetzt den Salat mit der Marinade vermischen, auf 2 flachen Tellern verteilen, den Reis darauf legen und zuletzt die Spiegeleier auf den Reis setzen.

Pro Portion 367 Kalorien / 1536 Joule

2 ZWISCHENMAHLZEITEN (pro Person)

1 fettarmer Joghurt (150 g) = 60 Kalorien / 251 Joule
1 kleiner Apfel (100 g) = 55 Kalorien / 230 Joule

Drei Tage schlemmen und dabei auch noch ein Kilo abnehmen

Das ist die Chance für Feinschmecker mit uner-
wünschten Pölsterchen. In einer Drei-Tage-Schlem-
merkur können sie diesen überflüssigen Ballast los-
werden — fast ganz ohne Entbehrungen. Es warten
viele Köstlichkeiten — und auch zwischendurch aus-
nahmsweise mal ein Drink zur Aufmunterung. Ein
bißchen Alkohol — verdünnt und fein serviert — ist
bei dieser Kur mit einkalkuliert. Ansonsten kann sich
der echte Feinschmecker auch mit delikatem blumi-
gem Tee, in einer zarten Porzellantasse serviert, über
magere Zeiten hinwegtrösten. Und wozu gibt es die
feinen Mineralwässer, die selbst die Tafeln von Luxus-
restaurants zieren.
Das Genießen fängt schon beim Frühstück an, außer
an einem Tag ist allerdings Milch im Kaffee tabu, im
übrigen darf nur mit Süßstoff gesüßt werden. Ausge-
nommen, der Gourmet bevorzugt Kaffee schwarz
ohne alles — Tee pur ist für ihn sowieso keine Kastei-
ung, sondern echter Genuß.

FRÜHSTÜCK

Croissant mit Milchkaffee

Zutaten für 1 Person:

1 Croissant, frisch vom
Bäcker

1 doppelter Espresso
$\frac{1}{8}$ l fettarme Milch

Espresso zubereiten, Milch erhitzen und zusammen als Milchkaffee zum ofenfrischen Croissant trinken.

213 Kalorien / 892 Joule

MITTAGESSEN

Bohnenreis mit Basilikum-Steak

Zutaten für 2 Personen:

125 g parboiled Lang-
kornreis
Salz
150 g frische dicke
Bohnen, entkernt
gewogen, ersatzweise
$\frac{1}{2}$ Paket TK-Dicke-
Bohnen
1 kleines Bund oder
1 TL getrocknetes
Basilikum

1 EL geriebener
Parmesankäse
2 EL Magerquark
2 Minutensteaks (je 40 g)
1 TL Öl
frisch gemahlener
schwarzer Pfeffer

Reis in ¼ l kochendes gesalzenes Wasser streuen und 5 Minuten ausquellen lassen. Dann die dicken Bohnen zugeben und weitere 10 Minuten kochen. Basilikum hacken, im Mörser pürieren und mit dem Parmesan unter den Quark rühren. Minutensteaks mit Öl einpinseln und in einer beschichteten Pfanne von jeder Seite, je nach Geschmack, 1—2 Minuten braten, dann pfeffern und salzen. Bohnenreis auf 2 Tellern verteilen, Steaks dazulegen und auf jedes je einen Klacks Basilikumquark geben.

Pro Portion 382 Kalorien / 1599 Joule

ABENDESSEN

Melonen-Reis-Salat mit Parmaschinken

Zutaten für 2 Personen:

100 g parboiled Langkornreis
Salz
2 EL Zitronensaft
2 Tropfen flüssiger Süßstoff
weißer Pfeffer aus der Mühle

1 TL Sonnenblumenöl
abgeriebene Schale von 1 Zitrone, unbehandelt
1 Ogenmelone (ca. 600 g)
1 Bund Dill
80 g Parmaschinken

Den Reis in knapp ¼ l kochendes, leicht gesalzenes Wasser geben und in 15 Minuten ausquellen lassen. In der Zwischenzeit Zitronensaft mit Süßstoff, Salz, Pfeffer, Öl und Zitronenschale verrühren. Den fertigen Reis zum Abkühlen auf einem großen flachen Teller ausbreiten. Dann in einer Schüssel mit der Salatsauce mischen und kalt stellen. Melone halbieren, Kerne entfernen. Fruchtfleisch mit einem Melonenausstecher in Kugeln herausholen oder würfeln. Den Dill fein schneiden. Schinken in feine Streifen schneiden. Reis mit Melonenstücken und Dill mischen, mit dem Schinken belegen.

Pro Portion 391 Kalorien / 1637 Joule

2 ZWISCHENMAHLZEITEN (pro Person)

Weinschorle mit 0,1 l Riesling, trocken, Mineralwasser und 1 Zitronenscheibe = 67 Kalorien / 280 Joule
1 Stück Melone (100 g) = 26 Kalorien / 109 Joule

---

2. TAG

FRÜHSTÜCK

Brötchen mit Mozzarella

Zutaten für 1 Person:

½ *Brötchen*
5 g Butter
frische Basilikumblätter
¼ *Mozzarella-Kugel*
(37 g)

Salz
schwarzer Pfeffer aus der
Mühle
1 Tomate

Brötchenhälfte mit der Butter bestreichen und mit den Basilikumblättern belegen. Den in dünne Scheiben geschnittenen Mozzarella ziegelartig darauflegen, mit Salz und Pfeffer bestreuen. Dazu die in Viertel geschnittene Tomate.

194 Kalorien / 812 Joule

MITTAGESSEN

Aprikosenreis mit Brathähnchen

Zutaten für 2 Personen:

*2 Hähnchenschenkel
(je 150 g)
1 EL Zitronensaft
1 Msp gemahlener
Koriander
weißer Pfeffer aus der
Mühle
Cayennepfeffer*

*1 EL Sojasauce
100 g parboiled Vollkorn-
reis
Salz
½ kleine Dose Aprikosen
(Einwaage 250 g)
1 EL Cocosflocken*

Die Hähnchenschenkel waschen und trockenreiben. Zitronensaft mit Koriander, Pfeffer, 1 Prise Cayennepfeffer und Sojasauce mischen, damit das Fleisch einpinseln. 30 Minuten unter dem Grill oder im Backofen bei 225 Grad oder auch in einer beschichteten Pfanne braten, zwischendurch einmal wenden. Eventuell zwischendurch 1 EL heißes Wasser angießen. In der Zwischenzeit knapp ¼ l Wasser, wenig gesalzen, zum Kochen bringen, Reis einstreuen, Hitze herunterschalten und den Reis in 20 Minuten ausquellen lassen. Aprikosen abtropfen lassen und pürieren, mit Cayennepfeffer und weißem Pfeffer würzen, unter den fertigen Reis mischen. Cocosflocken kurz in der heißen Pfanne ohne Öl anrösten und über den Aprikosenreis streuen. Zu den Hähnchenschenkel reichen.

Pro Portion 412 Kalorien / 1725 Joule

ABENDESSEN

Carpaccio mit Gorgonzola-Reis

Zutaten für 2 Personen:

100 g parboiled Lang-	*Pfeffer aus der Mühle*
kornreis	*Salz*
Salz	*1 TL Zitronensaft*
100 g Gorgonzola	*1 TL Walnußöl*
100 g Rinderfilet	*1 TL gehackte Walnüsse*

Den Reis in knapp ¼ l leicht gesalzenem Wasser kurz kochen und 15 Minuten ausquellen lassen. Gorgonzola in kleine Stücke bröckeln und unter den heißen Reis mischen. Während der Reis gart, das Fleisch mit einem scharfen Messer in hauchdünne Scheiben schneiden. Wenn man das Filet etwa 1 Stunde vor Zubereitung der Mahlzeit ins Tiefkühlfach legt und anfrieren läßt, geht das besonders gut. Die Filetscheiben großflächig und fächerförmig auf eine Platte legen. Pfeffern und salzen, mit Zitronensaft und mit dem Öl beträufeln, mit den Nüssen bestreut zum Reis servieren.

Pro Portion 461 Kalorien / 1930 Joule

2 ZWISCHENMAHLZEITEN (pro Person)

1 Glas Bitter Lemon Slimline, 0,2 l = 20 Kalorien / 84 Joule
50 g Krabben auf Salatblättern mit 1 TL Crème fraîche = 78 Kalorien / 327 Joule

---

3. TAG

FRÜHSTÜCK

Ei im Glas mit Brötchen

Zutaten für 1 Person:

1 Ei	*Salz*
Worchestersauce	*Pfeffer*
frische Kräuter, z. B. 1 EL	*½ Brötchen*
Dill, Petersilie oder	*5 g Butter*
Schnittlauch	

Ei wachsweich kochen und pellen. In ein Glas geben und bei Tisch mit 1 Spritzer Worchestersauce, den frischen Kräutern und Salz und Pfeffer vermischen. Dazu das halbe, gebutterte Brötchen.

196 Kalorien / 820 Joule

MITTAGESSEN

Räucherlachs mit Meerrettich-Reis

Zutaten für 2 Personen:

2 Scheiben Räucherlachs
(je 40 g)
grob zerstoßener weißer
Pfeffer
125 g parboiled Lang-
kornreis
Salz
4 EL süße Sahne

1 ½ EL geriebener
Meerrettich
2 Limetten- oder
Zitronenscheiben
1 Frisésalat, ersatzweise
Kopfsalat
Saft von ½ Zitrone

Den Räucherlachs auf 2 Teller verteilen und mit zer-
stoßenem Pfeffer bestreuen. Auf Zimmertemperatur
kommen lassen, das verbessert das Aroma. Den Reis in
die doppelte Menge kochendes, leicht gesalzenes
Wasser geben und 15 Minuten ausquellen lassen. In
der Zwischenzeit Sahne steif schlagen und Meerrettich untermischen. Diese Mischung unter den Reis
heben und mit den Limettenscheiben garnieren. Salat
von den äußeren Blättern befreien, so daß nur das
knackig-gelbe Herz übrigbleibt. Diese längs vierteln,
mit Zitrone beträufeln und zu Reis und Lachs reichen.

Pro Portion 418 Kalorien / 1750 Joule

ABENDESSEN

Himbeersauce an Reisomelett

Zutaten für 2 Personen:

60 g parboiled Lang-
kornreis
abgeriebene Schale von
½ Zitrone, unbehandelt
2 Eier
1 TL Zitronensaft
flüssiger Süßstoff

10 g Butter
150 g tiefgekühlte
Himbeeren
1 TL Rum oder Himbeer-
geist
einige Minzeblättchen
(oder Zitronenmelisse)

Reis mit der abgeriebenen Zitronenschale in der doppelten Menge Wasser garen. Zum Abkühlen auf einem flachen Teller ausbreiten. 2 Eigelb mit Zitronensaft und flüssigem Süßstoff nach Geschmack verquirlen. Eiweiß steif schlagen. Reis unter die Eigelbe mischen, den Eischnee unterheben. In einer beschichteten Pfanne 5 g Butter erhitzen, aus der Hälfte der Eier-
Reismasse ein Omelett backen. Mit der zweiten
Teigmenge genauso verfahren. Himbeeren auftauen
lassen, im Mixer mit einigen Tropfen Süßstoff und
dem Rum pürieren. Als Sauce an die Omeletts gießen,
mit Minzeblättchen garnieren.

Pro Portion 266 Kalorien / 1114 Joule

2 ZWISCHENMAHLZEITEN (pro Person)

2 cl Campari mit Mineralwasser und 1 Orangenschei-
be = 45 Kalorien / 188 Joule
2 Kräcker mit 10 g Kräuter-Frischkäse = 55 Kalorien /
230 Joule

Diät
für eine Arbeitswoche:
Fünf-Tage-Büro-Reiskur

*Zu Hause zubereitet für mittags,
und abends schnell gekocht*

Eine Arbeitswoche geht bald herum, und sie bringt
auch den schnellen, fast mühelosen Erfolg, wenn es
ums Abnehmen geht. Zum einen fehlt es nicht an Ablenkung und es lockt kein gefüllter Kühlschrank. Zum
anderen macht die Vorbereitung der Reismahlzeiten
kaum Mühe. Ein bißchen Organisation allerdings muß
sein. Das heißt:

● rechtzeitig Einkaufszettel vorbereiten;

● Reisportionen vorkochen;

● sich morgens reichlich Zeit für ein Frühstück in aller
  Ruhe und Vorbereitung der Büro-Mahlzeit nehmen;

● auch die Zwischenmahlzeiten einpacken, damit
  man aus Ungeduld nicht doch noch auf die Kantine
  zurückgreift und damit alle guten Vorsätze zunichte
  macht.

Der Einfachheit halber wurden für mittags jeweils
leckere Salate aufs Programm gesetzt und für abends

warme Mahlzeiten, die aber auch mit vorgekochtem Reis ganz schnell zubereitet sind. Schön und praktisch, wenn sich ein Partner oder eine Partnerin findet, die mitmacht. Das erleichtert die Sache und motiviert zusätzlich.

Jeder Tag hat 1000—1100 Kalorien. Abnehmen kann man während der fünf Tage etwa eineinhalb bis zwei Kilo. Für den, der auf einen Schlag mehr Pfunde verlieren möchte, ein Vorschlag: Einen 800-Kalorien-Reis-Tag am Sonntag voransetzen, vielleicht sogar zwei — damit nimmt man mindestens ein weiteres Kilo ab. Treiben Sie ohnehin am Wochenende Sport oder sind aktiv — na also, das läßt sich doch ideal mit einer Diät verbinden.

Noch zum Frühstück: Tee oder Kaffee ohne Milch ist erlaubt, mit Süßstoff süßen, auch den geliebten Kaffee im Büro. Ansonsten gibt es nur Mineralwasser, natriumarm, Früchte- oder Kräutertee — doch davon jede Menge, bis zu drei Liter täglich, damit der Körper so richtig entschlacken kann.

FRÜHSTÜCK

Bananen-Brot

Zutaten für 1 Person:

1 Scheibe Vollkornbrot	*50 g Bananen in*
(40 g)	*Scheiben geschnitten*
5 g Butter	

Die Brotscheibe mit der Butter bestreichen und mit Bananenscheiben belegen.

164 Kalorien / 1122 Joule

MITTAGESSEN

Spanischer Reissalat

Zutaten für 1 Person:

50 g parboiled Lang-	Für die Sauce:
kornreis (roh gewogen),	*3 EL Sherryessig*
am Vorabend gekocht	*Salz*
1 rote Paprikaschote	*Pfeffer*
1 kleine Gewürzgurke	*1 TL Olivenöl*
6 grüne, gefüllte Oliven	*½ Bund Schnittlauch-*
50 g magerer gekochter	*röllchen*
Schinken	

Den vorgekochten Reis in eine Schüssel geben. Papri-kaschote putzen, aushöhlen, vierteln und in Würfelchen schneiden. Gewürzgurke ebenfalls würfeln, Oliven in feine Scheiben schneiden, Schinken in Streifchen schneiden — alles zum Reis in die Schüssel geben. Aus Sherryessig, Öl, Salz und Pfeffer eine Marinade rühren, eventuell noch 1—2 EL Gurkensud zugeben — über den Salat gießen und vermengen. Salat in eine geeignete Kunststoffdose füllen und mit Schnittlauchröllchen bestreuen. Dose gut schließen und den Salat bis zum Essen wenn möglich im Kühlschrank aufheben.

406 Kalorien / 1700 Joule

ABENDESSEN

Reis-Brokkoli-Pfanne

Zutaten für 1 Person:

50 g parboiled Lang-kornreis	½ Paket Tiefkühl-Brokkoli (150 g)
10 g Butter	Salz
50 g Lachsschinken	Pfeffer
2 EL trockener Weißwein oder trockener Sherry	1 Prise Muskat
	10 g Mandelblättchen

Reis in der doppelten Menge leicht gesalzenem Wasser garen. Eventuell schon am Vortag zubereiten und im Kühlschrank aufbewahren. Butter in einem Topf zum Schmelzen bringen, Lachsschinken in Streitchen schneiden und kurz darin andünsten, Wein und 2 EL Wasser zugießen und den Brokkoli zugeben. Deckel auf die Pfanne setzen und das Gemüse bei mittlerer Hitze 10 Minuten auftauen und dünsten. Den gekochten Reis unterheben und weitere 8 Minuten mit erhitzen. Dann mit Salz, Pfeffer und Muskat abschmecken. In einer zweiten Pfanne die Mandelblättchen ohne Fett anrösten und kurz vor dem Servieren über den Gemüsereis streuen.

429 Kalorien / 1796 Joule

2 ZWISCHENMAHLZEITEN   (pro Person)

1 Apfel (100 g) = 55 Kalorien / 230 Joule
1 kleines Glas Möhrensaft (0,2 l) = 54 Kalorien / 226 Joule

---

2. TAG

FRÜHSTÜCK

Leberwurst-Gurken-Brot

Zutaten für 1 Person:
1 Scheibe Mischbrot   1 Gewürzgurke
(40 g)
30 g kalorienarme Leber-
wurst (z. B. Du darfst)

Brot mit der Leberwurst bestreichen und mit Gurkenscheibchen belegen.

181 Kalorien / 758 Joule

MITTAGESSEN

Orientalischer Reissalat

Zutaten für 1 Person:

50 g parboiled Vollkorn-
reis (roh gewogen), am
Vorabend gegart
80 g Hähnchenbrust oder
Putenaufschnitt
Salz
Pfeffer
1–2 Tropfen Olivenöl
1 Kiwi
1 EL Rosinen

Für die Sauce:
3 EL Zitronensaft
1 TL Sonnenblumenöl
Pfeffer
1 Msp gemahlener
Koriander
1 Msp gemahlener
Ingwer
1 TL gehackte Nüsse

Reis in eine Schüssel geben. Hähnchenbrust leicht salzen und pfeffern, mit Öl einpinseln und unter dem Grill oder in einer beschichteten Pfanne von beiden Seiten je 8 Minuten braten. Kalt werden lassen und in Stückchen schneiden (nimmt man Putenaufschnitt, diesen in Würfelchen schneiden).

Kiwi schälen, vierteln und kleinschneiden, Rosinen eventuell kurz zuvor einweichen, dann abgießen. Diese Zutaten zum Reis geben. Aus Zitronensaft, 1—2 EL Wasser, Öl, Pfeffer und den Gewürzen eine Sauce rühren und über den Salat gießen, mit Nüssen bestreuen, vermengen und zum Mitnehmen in eine entsprechende Dose füllen. Im Büro kühl stellen.

408 Kalorien / 1708 Joule

ABENDESSEN

Blumenkohl-Reis-Suppe

Zutaten für 1 Person:
½ l Gemüsebrühe   1 EL Zitronensaft
(Instant, Reformhaus)   Salz
40 g parboiled Vollkorn-   Pfeffer
reis   Muskat
1 kleiner Blumenkohl,   je 2 EL gehackte Peter-
500 g, ungeputzt   silie, Kerbel und Schnitt-
1 Ei   lauch
1 EL Crème fraîche

Gemüsebrühe zum Kochen bringen und den Reis einstreuen. 8 Minuten sanft garen. Blumenkohl putzen,
waschen und in kleine Röschen teilen, zum Reis geben. Weitere 10 Minuten garen. Topf von der Koch-
stelle nehmen.
Ei mit Crème fraîche und Zitronensaft verschlagen,
3—4 EL von der Brühe untermischen, dann in die
Suppe rühren. Sie darf jetzt nicht mehr kochen, weil
sonst das Ei gerinnt. Mit Salz, Pfeffer und Muskat abschmecken und die gehackten Kräuter kurz vor dem
Servieren unterrühren.
414 Kalorien / 1733 Joule

2 ZWISCHENMAHLZEITEN (pro Person)

1 kleines Glas frisch gepreßter Orangensaft (von
1 kleinen Orange = 0,1 l) = 46 Kalorien / 193 Joule
1 Knäckebrot mit Radieschenscheiben und Schnittlauch = 50 Kalorien / 209 Joule

FRÜHSTÜCK

Ei und Knäckebrot

Zutaten für 1 Person:
1 weichgekochtes Ei   *2 Scheiben Knäckebrot*
1 EL Schnittlauch   *1 TL Diät-Pflaumenmus*

Zum Ei Schnittlauch und 1 Scheibe Knäckebrot essen,
die zweite Scheibe mit Pflaumenmus bestreichen.
180 Kalorien / 753 Joule

MITTAGESSEN

Italienischer Salat

Zutaten für 1 Person:
50 g parboiled Lang-
kornreis, am Vorabend
gekocht
½ Staudensellerie (250 g,
ungeputzt gewogen)
1 kleine Paprikaschote
(100 g)
1 Tomate

Für die Sauce:
2–3 EL Rotweinessig
1 TL Olivenöl
Salz
Pfeffer
1–2 Tropfen Süßstoff
frisches oder getrocknetes
Basilikum
2 Scheiben Parma-
schinken, ohne Fettrand

Reis in eine Schüssel geben. Staudensellerie gründlich
waschen, die harten Stiele und Blätter abschneiden,

Stange in kleine Stücke schneiden. Paprika putzen, Kernhaus entfernen, ausspülen, vierteln und in feine Streifen schneiden. Gemüse zum Reis geben.

Aus Essig, Öl, Salz, Pfeffer, Süßstoff und reichlich gehacktem frischem oder ½ TL getrocknetem Basilikum eine Sauce rühren und über die anderen Zutaten gießen. Gut vermischen und mit der geviertelten Tomate und 2 Schinkenröllchen belegen. In eine Kunststoffdose mit gut schließendem Deckel füllen. Im Büro bis zum Mittag kühl stellen.

329 Kalorien / 1377 Joule

ABENDESSEN

Minestrone

Zutaten für 1 Person:

1 Kohlrabi	40 g parboiled Lang-
150 g Bohnen	kornreis
1 Frühlingszwiebel	Salz
150 g Möhren	Pfeffer
1 TL Olivenöl	2 EL gehackte Petersilie
½ l Gemüsebrühe	1 EL Parmesankäse
(Instant, Reformhaus)	

Kohlrabi schälen und in Stifte schneiden — die zarten grünen Blättchen hacken. Bohnen waschen, putzen und in Stückchen schneiden. Zwiebel waschen, harte Teile abschneiden, die Zwiebel in Röllchen schneiden. Möhren dünn schälen und in dünne Scheiben schneiden.

Das Öl in einem Topf erhitzen und das Gemüse kurz darin anschmoren. Gemüsebrühe zugießen, aufkochen lassen und den Reis einstreuen. Alles etwa 15—18 Minuten garen. Dann mit Salz, frischem Pfeffer aus der Mühle und gehackter Petersilie abschmecken. Bei Tisch den Parmesankäse über die Suppe streuen.

396 Kalorien / 1658 Joule

2 ZWISCHENMAHLZEITEN (pro Person)

1 kleine Birne (150 g) = 83 Kalorien / 347 Joule
1 Diät-Fruchtjoghurt (150 g) = 73 Kalorien / 306 Joule

---

4. TAG

FRÜHSTÜCK

Rice Krispies

Zutaten für 1 Person:
$\frac{1}{10}$ l fettarme Milch   6 EL Rice Krispies (20 g)

Milch in einen tiefen Teller gießen und die Rice Krispies dazugeben.

138 Kalorien / 578 Joule

MITTAGESSEN

Chinesischer Reissalat

Zutaten für 1 Person:

40 g parboiled Vollkorn-
reis
½ Glas Sojabohnenkeime
(75 g)
1 Frühlingszwiebel mit
Lauch
100 g grüne Gurke
1 Mandarine oder
½ Orange
50 g Krabben aus dem
Glas

1 TL Sonnenblumenöl
1 EL Sojasauce
1 EL Zitronensaft
1 Msp Ingwer
weißer Pfeffer aus der
Mühle
Salz
1 EL gehackte Petersilie
2 Zitronenscheiben,
unbehandelt

Reis in der doppelten Menge Wasser in 20 Minuten garen und abkühlen lassen. Sojabohnenkeime abspülen, abtropfen lassen und in eine Schüssel geben. Frühlingszwiebel putzen und in feine Ringe schneiden. Gurke waschen und würfeln, Mandarine oder Orange schälen und ebenfalls in Scheibchen schneiden. Krabben aus dem Glas abspülen, abtropfen lassen und mit allen vorbereiteten Zutaten einschließlich Reis in der Schüssel vermischen. Dann in eine genügend große Kunststoffdose füllen. Aus Öl, Sojasauce, Zitronensaft, Ingwer, Pfeffer und Salz die Marinade rühren und über den Salat gießen. Mit Petersilie bestreuen und mit zwei Zitronenscheiben belegen. Dose schließen und bis zum Essen kühl stellen. Vor dem Essen die Zitronenscheiben entfernen.

377 Kalorien / 1578 Joule

ABENDESSEN

Bohnen-Reis-Eintopf mit Würstchen

Zutaten für 1 Person:

1 mittelgroße Zwiebel   *gut ⅛ l Gemüsebrühe*
1 Knoblauchzehe   *(Instant)*
2 Tomaten (150 g)   *½ TL Oregano*
1 TL Tomatenmark   *Salz*
1 TL Olivenöl   *Pfeffer*
150 g grüne Bohnen,   *1 kalorienarmes*
frisch oder aus der   *Würstchen*
Tiefkühltruhe   *(z. B. Du darfst)*
50 g parboiled Lang-   *1 EL gehackte Petersilie*
kornreis

Zwiebel und Knoblauch schälen, würfeln, Tomaten mit kochendem Wasser überbrühen, 1 Minute stehen lassen, schälen und in Stücke schneiden. Olivenöl in einer Kasserolle erhitzen und zuerst die Zwiebel und die Knoblauchzehe andünsten, dann Tomaten, Tomatenmark, Bohnen und Reis zufügen. Brühe zugießen und alles 15—20 Minuten garen — eventuell noch einige Eßlöffel Wasser zugeben. 5 Minuten vor Ende der Garzeit mit Oregano, Salz und Pfeffer abschmecken. Würstchen kleinschneiden und untermischen. Kurz vor dem Servieren die frische Petersilie darüberstreuen.

422 Kalorien / 1766 Joule

2 ZWISCHENMAHLZEITEN (pro Person)

1 kleiner geriebener Apfel mit 1 EL Magerjoghurt vermischt und mit Zimt bestreut = 65 Kalorien / 272 Joule
1 Knäckebrot mit 10 g kalorienarmer Leberwurst und 1 Msp Senf = 62 Kalorien / 260 Joule

---
5. TAG

FRÜHSTÜCK

Honig-Brötchen

Zutaten für 1 Person:
½ Roggen- oder Weizen-   5 g Butter
Brötchen   1 TL Honig

Brötchen zuerst mit Butter, dann mit Honig bestreichen.

139 Kalorien / 582 Joule

MITTAGESSEN

Griechischer Reissalat

Zutaten für 1 Person:

40 g parboiled Lang-kornreis	2 EL Zitronensaft
200 g Gurke	Salz
1 kleine rote Zwiebel	Pfeffer
1 Tomate (100 g)	½ TL Oregano
1 kleine Paprikaschote (100 g)	2 EL gehackte Petersilie
	25 g Schafkäse
1 TL Olivenöl	3 grüne Oliven

Reis in der doppelten Menge Wasser garen. Zum Abkühlen auf einen flachen Teller geben. Gurke waschen und mit der Schale in Würfel schneiden. Zwiebel schälen und in Streifen, Tomate in Achtel schneiden. Paprikaschote putzen und würfeln. Aus Olivenöl, Zitrone, Salz, Pfeffer, Oregano und gehackte Petersilie eine Marinade rühren. Reis und Gemüse in einer Schüssel vermischen und in eine gut schließende Kunststoffdose füllen, mit der Marinade beträufeln. Zuletzt den Käse darüberbröckeln und mit Oliven belegen. Bis zum Mittag kühl stellen.

Tip: Zum Nachwürzen 1 Zitrone mitnehmen.

366 Kalorien / 1532 Joule

ABENDESSEN

Süße Reissuppe mit Trockenfrüchten

Zutaten für 1 Person:
3 Trockenpflaumen
(ungeschwefelt, Reform-
haus)
3 Aprikosen
1 EL Sultaninen
50 g parboiled Vollkorn-
reis

¼ l fettarme Milch
1 Stück Zimtstange
Süßstoff
gemahlener Zimt

Trockenobst schon am Morgen in ¼ l Wasser zum Quellen ansetzen und am Abend wie folgt zubereiten: Trockenobst mit der Einweichflüssigkeit und ¼ l Wasser zum Kochen bringen, den Reis und die Zimtstange zugeben und alles 20 Minuten garen. Danach die Zimtstange herausnehmen. Dann die Milch zugießen, alles nochmals erhitzen und mit Süßstoff abschmecken. Bei Tisch etwas Zimtpulver darüberstreuen.

422 Kalorien / 1766 Joule

2 ZWISCHENMAHLZEITEN   (pro Person)

1 Portion Kopfsalat, mit Zitrone und 1 EL Schnittlauch =
40 Kalorien / 167 Joule
1 Diät-Frucht-Joghurt = 73 Kalorien / 306 Joule

Ohne Fleisch:
Sieben-Tage-Vollwert-Reisdiät

*Fleischlos glücklich mit Reis,
Gemüse und Früchten*

Hier geht's schon gründlicher ans Abnehmen und Entschlacken, mit gesunden, vollwertigen Zutaten, an erster Stelle Reis. Als parboiled Langkorn- und Vollkornreis enthält er alle wichtigen Inhaltsstoffe, Vollkornreis ist ballaststoffreicher als parboiled Langkornreis, weil er noch sein Silberhäutchen besitzt. Wer mehr über diese Reissorten erfahren möchte, kann sich am Beginn des Buches informieren.

Ballaststoffe bringen auch in ausreichendem Maße all die Gemüse und Obstsorten, die der Diät Abwechslung geben. Das besondere Erlebnis dieser Diät-Woche: Die Entdeckung, daß Fleisch nicht im Mittelpunkt stehen muß; daß sich schon nach wenigen Tagen ein wunderbares Gefühl der Erleichterung einstellt, und auch, daß man besser schläft als nach einem schweren Abendessen. Kein Wunder, denn der gesamte Organismus ist nicht mehr mit langer Verdauungsarbeit beschäftigt, und kann sich so stärker dem Abbau angesammelter Schlackenstoffe widmen, darf sich endlich einmal regenerieren. Dabei hat die Leber das meiste zu tun.

Auch bei dieser Kur empfiehlt sich sparsames Salzen, um die täglichen Mahlzeiten von zusammen rund

1000 Kalorien noch effektiver in punkto Abnehmen und Entschlacken wirken zu lassen. Sie wissen doch: Salz bindet Wasser im Körper.

Übrigens macht diese Diät auch eine schöne Haut — wer hier Probleme hat, wird über den Erfolg staunen, bereits nach nur einer Woche, wobei ein längerfristiger Verzicht auf Fleisch und geringer Salzkonsum noch mehr bewirken.

Wie für alle Diäten gilt auch hier: Zum Frühstück Tee oder Kaffee, nur mit Süßstoff gesüßt, über den Tag verteilt zwei bis drei Liter Flüssigkeit in Form von natriumarmem Mineralwasser (Analyse auf dem Etikett gibt darüber Auskunft), Kräuter- und Früchtetees, die mit Süßstoff gesüßt werden können. Probieren Sie doch einmal Mineralwasser oder Tee mit einem Spritzer Zitronensaft — einfach köstlich.

1. TAG

FRÜHSTÜCK

Schnittlauchbrot

Zutaten für 1 Person:

1 Scheibe Roggenbrot (40 g)

10 g Butter

2 EL Schnittlauchröllchen

1 Tomate (50 g)

Tee oder Kaffee mit Süßstoff gesüßt

Die Scheibe Brot mit der Butter bestreichen, Schnittlauchröllchen auf einem flachen Teller verteilen und
das Brot mit der Butterseite daraufdrücken, so daß alle
Schnittlauchröllchen kleben bleiben. Tomaten waschen, mit Küchenkrepp trockenreiben, achteln und
auf den Schnittlauch legen oder zum Brot hübsch anrichten.

189 Kalorien / 791 Joule

MITTAGESSEN

Möhrencremesuppe

Zutaten für 2 Personen:

250 g Möhren	*Salz*
1 kleine Zwiebel	*½ EL Zitronensaft*
15 g Butter	*frisch gemahlener*
⅜ l klare Instant-	*weißer Pfeffer*
Gemüsebrühe (Reform-	*1 Hauch Cayennepfeffer*
haus)	*¼ Becher Schlagsahne*
100 g parboiled Voll-	*(50 g)*
kornreis	*1 Kästchen Kresse*

Möhren putzen, waschen und in Scheiben schneiden.
Die Zwiebel schälen und würfeln. Beides in Butter glasig werden lassen, die Brühe zugeben und alles 25—30
Minuten kochen. Getrennt den Reis in leicht gesalzenes Wasser einstreuen und 15 Minuten ausquellen lassen, dann auf ein Sieb geben. Die Möhren in der Brühe mit dem Schneidstab des Handrührers pürieren,
mit Zitronensaft, Pfeffer und Cayennepfeffer pikant
abschmecken. Den Reis zugeben und die Suppe auf

zwei Teller verteilen. Sahne steif schlagen, Kresse abschneiden und untermischen, auf jede Suppenportion eine Sahnehaube setzen.

Pro Portion 378 Kalorien / 1582 Joule

ABENDESSEN

Tiroler Zwetschgenreis

Zutaten für 2 Personen:
½ *Glas eingemachte* 1 *Prise Salz*
Zwetschgen (200 g) *abgeriebene Schale von*
125 g parboiled Vollkorn- *1 unbehandelten Zitrone*
reis *20 g Butter*

Die Zwetschgen abtropfen lassen, den Saft auffangen und wenn nötig auf ¼ l mit Wasser auffüllen. Mit 1 Prise Salz zum Kochen bringen, den Reis einstreuen und 15 Minuten ausquellen lassen. Während der letzten 5 Minuten die Zwetschgen unterziehen und so mitwärmen. Das Gericht mit Zitronenschale abschmecken. Butter in einem Butterpfännchen hellbraun werden lassen, den Zwetschgenreis auf zwei Teller verteilen und mit der heißen Butter übergießen.

Pro Portion 401 Kalorien / 1679 Joule

2 ZWISCHENMAHLZEITEN (pro Person)

1 Möhre = 35 Kalorien / 147 Joule
1 Knäckebrot mit Kresse und Radieschenscheiben belegt = 45 Kalorien / 188 Joule

FRÜHSTÜCK

Orangenreis mit Honig

Zutaten für 1 Person:
1 Portionsbeutel Lang-
kornreis (62,5 g)
1 Orange, unbehandelt
(100 g)

1 TL Honig
Früchtetee oder Kaffee,
mit Süßstoff gesüßt

Den Reis nach Packungsangabe am Vorabend kochen und zugedeckt bereitstellen. Am Morgen Orange waschen, abtrocknen und die Schale abreiben. Orange schälen, entkernen, vierteln und die Viertel in kleine Scheibchen schneiden. Alles unter den Reis mischen und mit 1 TL Honig beträufeln.

316 Kalorien / 1323 Joule

MITTAGESSEN

Champignon-Reis-Salat mit Artischocken

Zutaten für 2 Personen:

100 g parboiled Vollkornreis
150 g Champignons
2 Frühlingszwiebeln
½ Dose Artischockenherzen (ca. 3–4 Stück, abgetropft 120 g)
4 grüne Oliven mit Paprikafüllung

1 EL Kapern
2 EL Rotweinessig
1 TL Olivenöl
Salz
frisch gemahlener weißer Pfeffer
1 EL gehackte Petersilie

Reis in der doppelten Menge Wasser 20 Minuten sanft kochend ausquellen lassen. Dann zum Auskühlen auf einem großen flachen Teller ausbreiten.
Champignons putzen und in Scheibchen schneiden. Frühlingszwiebeln putzen, die harten Röhren abschneiden und die zarten Teile in Röllchen schneiden. Artischockenherzen abtropfen lassen und vierteln. Oliven in Scheibchen schneiden. Aus Kapern, Essig und Öl, Salz und Pfeffer eine Marinade rühren. Diese unter die Salatzutaten mischen, den Reis unterheben und alles eine gute halbe Stunde ziehen lassen. Vor dem Servieren die gehackte Petersilie darüberstreuen.

Pro Portion 278 Kalorien / 1164 Joule

ABENDESSEN

Spinat-Reis mit Mozzarella

Zutaten für 2 Personen:

1 kleine Zwiebel	*Salz*
1 Paket tiefgekühlter	*Pfeffer*
Blattspinat (450 g)	*½ TL getrocknetes*
⅛ l Gemüsebrühe	*Basilikum*
(Instant, Reformhaus)	*75 g (½ Kugel)*
60 g parboiled Vollkorn-	*Mozzarella-Käse*
reis	

Zwiebel schälen und kleinhacken. Im trockenen heißen Topf kurz anrösten, den tiefgekühlten Spinat zugeben und bei heruntergeschalteter Hitze und geschlossenem Deckel auftauen lassen. Dann die Gemüsebrühe und den Reis zugießen und ca. 20 Minuten
sanft garen. Mit Salz, Pfeffer und Basilikum würzen.
Die Spinat-Reismischung in eine feuerfeste Form geben. Mozzarella in sehr dünne Scheiben schneiden,
den Spinatreis damit belegen, pfeffern und im vorgeheizten Backofen auf 225 Grad je nach Geschmack
den Käse nur schmelzen lassen oder so lange backen,
bis eine goldbraune Kruste entstanden ist.

Pro Portion 250 Kalorien / 1047 Joule

2 ZWISCHENMAHLZEITEN   (pro Person)

1 kleiner Apfel (100 g) = 55 Kalorien / 230 Joule
1 Vollkornzwieback mit 1 TL Diät-Pflaumenmus = 55
Kalorien / 230 Joule

FRÜHSTÜCK

Knäckebrot mit Pflaumenmus und Kakao

Zutaten für 1 Person:
2 Scheiben Milch-
Knäckebrot
2 TL Diät-Pflaumenmus
1 Becher (0,25 l) fettarme
Milch

einige Tropfen flüssiger
Süßstoff
1 TL echtes Kakaopulver
ohne Zuckerzusatz

Die Knäckebrotscheiben mit dem Pflaumenmus bestreichen. Die Milch erhitzen, Kakaopulver einrühren und einmal kurz aufkochen lassen, mit einigen Tropfen Flüssig-Süßstoff nach Geschmack süßen.

287 Kalorien / 1201 Joule

MITTAGESSEN

Paprikaschoten mit Reis gefüllt

Zutaten für 2 Personen:

100 g parboiled Vollkornreis
etwas gekörnte Gemüsebrühe (Instant, Reformhaus)
1 Lorbeerblatt
schwarzer, frisch gemahlener Pfeffer
1 kleine Zwiebel
1 TL gerebelte Minze
2 EL gehackte Petersilie
1 Msp gemahlener Piment
1 EL Sultaninen
2 große oder 4 kleine Paprikaschoten (500 g)
1 kleine Tomate
1 TL Olivenöl
1 Becher fettarmer Joghurt (150 g)

Den Reis in der doppelten Menge Gemüsebrühe (knapp $\frac{1}{4}$ l) mit dem Lorbeerblatt und etwas Pfeffer 15 Minuten garen. Dann die Minze, die geputzte und feingehackte Zwiebel, Petersilie, Piment und die eingeweichten und abgetropften Sultaninen unterrühren.

Paprikaschoten waschen, Stengel herausschneiden, die Schoten aushöhlen und ausspülen. Reis in die Paprika füllen, mit Tomatenscheiben die Öffnung verschließen. Paprika nebeneinander in einen Topf setzen, ca. $\frac{1}{8}$ l leicht gesalzenes Wasser und 1 TL Olivenöl zugießen und die Schoten bei geschlossenem Deckel ca. 20 Minuten sanft garen. Schoten aus dem Sud nehmen, kurz abtropfen lassen und als Sauce dazu den Joghurt servieren.

Pro Portion 330 Kalorien / 1381 Joule

ABENDESSEN

Frühlingsreissalat

Zutaten für 2 Personen:
100 g parboiled Vollkorn-
reis
2 Frühlingszwiebeln
2 Möhren
1 Stück Gurke (200 g)
je 1 EL gehackte Peter-
silie und Dill

Für die Marinade:
1 Becher fettarmer

Joghurt (150 g)
3 EL Zitronensaft
Salz
Pfeffer

Zum Verzieren:
1 Tomate (80 g)
1 kleines hartgekochtes Ei
3–4 Radieschen

Reis in der doppelten Menge Wasser ca. 20 Minuten kochen und zum Ausdampfen und Abkühlen auf einem Teller ausbreiten. Man kann natürlich auch schon am Vortag gekochten Reis verwenden. Frühlingszwiebeln putzen und die knackigen Teile in feine Ringe schneiden. Möhren waschen, schaben und grob raspeln. Die Gurke gut waschen und in kleine Würfel schneiden.

Aus den angegebenen Zutaten eine Marinade rühren. Reis mit den Salatzutaten in einer Schüssel vermischen und auch die Kräuter zugeben. Marinade darüber gießen und unter den Salat heben. Alles etwa ½ Stunde ziehen lassen. Vor dem Servieren Tomate achteln, das Ei pellen und klein hacken, Radieschen in Scheiben schneiden. Salat mit Tomatenachteln und Radieschenscheiben belegen und mit dem gehackten Ei bestreuen.

Pro Portion 318 Kalorien / 1331 Joule

2 ZWISCHENMAHLZEITEN   (pro Person)

1 kleine Birne (100 g) = 55 Kalorien / 230 Joule
1 Reiswaffel mit Buchweizen (ohne Zucker, a. d. Reformhaus) mit 1 TL Diät-Konfitüre = 43 Kalorien / 180 Joule

---

4. TAG

FRÜHSTÜCK

Knäckebrot mit körnigem Frischkäse und Gurke

Zutaten für 1 Person:

2 dünne Scheiben   *1 Stück frische Gurke*
Roggen-Knäckebrot   *(100 g)*
2 EL körniger Frischkäse   *Tee oder Kaffee mit*
(60 g)   *Süßstoff gesüßt*

Die Knäckebrotscheiben mit dem Frischkäse belegen, Gurkenstück gründlich waschen, mit Küchenkrepp abtrocknen und in dünne Scheiben schneiden. Fächerartig auf den Frischkäse legen.

148 Kalorien / 620 Joule

MITTAGESSEN

Reis mit Paprika und Mais

Zutaten für 2 Personen:

125 g parboiled Vollkorn-
reis
2 rote Paprikaschoten
(200 g)
2 Frühlingszwiebeln mit
Lauch oder 1 kleine
Zwiebel
2 Knoblauchzehen
1 TL Olivenöl

1 EL Tomatenmark
2 EL Wasser
Salz
1 TL edelsüßes Paprika-
pulver
½ TL Oregano
1 Dose Mais (250 g
Einwaage)

Vollkornreis in die doppelte Menge leicht gesalzenes kochendes Wasser streuen und in 20 Minuten garen. In der Zwischenzeit die Paprikaschoten putzen, waschen und in kleine Würfel schneiden. Zwiebel schälen, feinhacken, Knoblauch schälen, mit der Knoblauchpresse zerquetschen. Alles zusammen in dem Öl glasig dünsten, Tomatenmark, Wasser, Salz, Paprikapulver und Oregano zugeben, im geschlossenen Topf 15 Minuten schmoren. Mais abtropfen lassen und mit dem fertigen Reis unter die Gemüsemischung geben. Nochmals abschmecken.

Pro Portion 397 Kalorien / 1662 Joule

ABENDESSEN

Ägyptisches Reisgericht

Zutaten für 2 Personen:

50 g parboiled Vollkornreis

50 g Hörnchennudeln

30 g Linsen, getrocknet oder 60 g gegarte aus der Dose

Salz

1 EL Olivenöl, kaltgepreßt

1 kleine Knoblauchzehe

1 Msp Kreuzkümmel (Cumin)

1 kleine Dose geschälte Tomaten (Einwaage 400 g)

1 Chilischote oder 1 Msp Cayennepfeffer

1 Prise Zucker

½ Tüte fertige Röstzwiebeln

Reis, Nudeln und Linsen getrennt in Salzwasser bißfest vorgaren (Reis ca. 15, Nudeln ca. 10, Linsen ca. 20 Minuten). Alles gut abtropfen lassen und zusammen im Öl mit dem gehackten Knoblauch und dem Kreuzkümmel gar dünsten. In einem Extratopf gehackte Tomaten mit Saft, der Chilischote (oder Cayennepfeffer) cremig einkochen, mit Salz und Zucker pikant würzen. Das Reis-Nudel-Linsen-Gemisch auf zwei Teller verteilen, über jede Portion Tomatensauce geben und mit Röstzwiebeln bestreuen.

Pro Portion 377 Kalorien / 1578 Joule

2 ZWISCHENMAHLZEITEN (pro Person)

1 kleines Glas Möhrensaft (0,2 l) = 54 Kalorien / 226 Joule
1 fettarmer Joghurt mit 1 TL Diät-Konfitüre = 75 Kalorien / 314 Joule

---

5. TAG

FRÜHSTÜCK

Vollkornbrot mit Radieschen und Grapefruitsaft

Zutaten für 1 Person:
1 Grapefruit für 0,2 l Saft   10 g Butter
1 Scheibe Vollkornbrot   4–5 Radieschen
(40 g)

Die Grapefruit auspressen. Die Scheibe Brot mit der Butter bestreichen. Radieschen waschen, abtrocknen und in Scheibchen schneiden. Damit das Butterbrot belegen. Selbstverständlich sind Tee oder Kaffee ohne Milch und mit Süßstoff gesüßt erlaubt.

234 Kalorien / 980 Joule

MITTAGESSEN

Italienische Erbsensuppe

Zutaten für 2 Personen:

1 Portions-Beutel Lang-
kornreis (62,5 g)
½ l klare Instant-
Gemüsebrühe (Reform-
haus)
1 Paket Tiefkühlerbsen
(300 g)

1 Bund glatte Petersilie
30 g frischer Parmesan
1 kleine Knoblauchzehe
1 TL Olivenöl
frisch gemahlener
schwarzer Pfeffer

Den Reis in ½ l kochendes Wasser geben und sanft köchelnd etwa 15 bis 18 Minuten ausquellen lassen. Aus dem Topf nehmen, kurz abtropfen lassen, den Beutel aufreißen, den Reis herausnehmen und beiseite stellen. Gemüsebrühe zum Kochen bringen und die Erbsen darin 5 Minuten garen. Petersilie zupfen und zusammen mit dem Parmesan und der geschälten Knoblauchzehe in den Mixer geben. Mit der Schaumkelle etwa ⅓ der Erbsen aus der Suppe nehmen und ebenfalls in den Mixer geben. Alles zu einem feinen Püree zerkleinern, dann das Öl einschlagen. Reis in die Suppe geben, pfeffern. Entweder das Erbsenpüree kurz vor dem Servieren einrühren oder separat zur Suppe reichen. Jeder nimmt sich davon nach Geschmack.

Pro Portion 340 Kalorien / 1423 Joule

ABENDESSEN

Kapernreis mit weichgekochten Eiern

Zutaten für 2 Personen:

125 g parboiled Vollkorn- *½ Beet Kresse*
reis *1 EL Weißweinessig*
Salz *1 TL feinstes Olivenöl*
50 g Kapern *2 Eier*
½ Bund Schnittlauch

Den Reis in ¼ l Salzwasser bei milder Hitze in etwa 15 Minuten ausquellen lassen. Kapern abtropfen lassen, Schnittlauch in Röllchen schneiden, mit einer Küchenschere die Kresse abschneiden. Kapern, Kräuter, Essig und Öl in einer Schüssel mischen, den fertigen Reis darauf geben und gut mit der Marinade vermischen. Sofort servieren. Kurz zuvor die Eier in 6 Minuten wachsweich kochen, abschrecken, schälen, halbieren und auf dem Reis anrichten.

Pro Portion 345 Kalorien / 1444 Joule

2 ZWISCHENMAHLZEITEN (pro Person)

1 Knäckebrot mit Gurkenscheiben und Dill = 47 Kalorien / 197 Joule
1 kleine Orange = 54 Kalorien / 226 Joule

6. TAG

FRÜHSTÜCK

Milch mit Rice Krispies und Banane

Zutaten für 1 Person:
1 Glas fettarme Milch   8 EL Rice Krispies (20 g)
(0,25 l)   ½ Banane (100 g)

Milch in einen tiefen Topf gießen, Rice Krispies hineinstreuen, Banane in kleine Stückchen schneiden und dazugeben.
263 Kalorien / 1101 Joule

MITTAGESSEN

Spargel-Reis-Suppe mit Petersilienklößchen

Zutaten für 2 Personen:
250 g Spargel   75 g parboiled Vollkorn-
Pfeffer   reis
Salz   1 Eiweiß
1 Stückchen Zitronen-   1 Prise Muskat
schale (unbehandelt)   1 knapper EL gehackte
1 Msp Zucker   Petersilie

Den Spargel schälen und in Stücke schneiden. Die Spargelschalen mit Salz, Pfeffer, Zitronenschale und

Zucker in ½ l Wasser 15 Minuten kochen, dann durch ein Sieb gießen. Spargel und Reis in die Suppe geben und nochmals 15 Minuten kochen lassen. In der Zwischenzeit das Eiweiß sehr steif schlagen, eine Prise Salz und Muskat, zuletzt die gehackte Petersilie untermischen. Mit zwei Teelöffeln Klößchen abstechen. In einem Topf wenig Salzwasser erhitzen, aber nicht kochen lassen. Klößchen darin bei geschlossenem Deckel ziehen lassen — etwa 5 Minuten. Sie dürfen aber nicht kochen. Aus der fertigen Spargelsuppe mit einer Schaumkelle etwa ½ Tasse voll herausnehmen, pürieren und die Suppe damit binden. Wer die Suppe ungebunden mag, kann auch darauf verzichten. Zuletzt die Suppe abschmecken, die Klößchen hinzufügen und servieren.

Pro Portion 175 Kalorien / 733 Joule

ABENDESSEN

Kressereis mit jungem Kohlrabi

Zutaten für 2 Personen:

1 kleine Zwiebel	*1 Beet Kresse*
125 g parboiled Vollkornreis	*2 Kohlrabi (400 g)*
1 TL Butter	*1 TL Butter*
Salz	*1 hartgekochtes Eigelb*

Die Zwiebel hacken, Butter erhitzen und Zwiebel und den Vollkornreis kurz darin andünsten. 2 Tassen Was-

ser angießen, salzen und den Reis 15 Minuten ausquellen lassen. Dann die Kresse mit der Küchenschere
vom Beet schneiden und unter den Reis mischen.
Gleichzeitig mit dem Reis gart auch der Kohlrabi. Dafür werden die Knollen geschält, in dicke Streifen geschnitten und samt dem Grün in der Butter angedün-
stet. Topf schließen und Kohlrabi bei milder Hitze
15 Minuten im eigenen Saft garen. Mit dem Reis
mischen und kurz vor dem Servieren das hartgekoch-
te Eigelb durch ein Sieb über jede Portion streichen.

Pro Portion 372 Kalorien / 1557 Joule

2 ZWISCHENMAHLZEITEN (pro Person)

2 getrocknete Feigen = 90 Kalorien / 377 Joule
1 kleines Glas Orangensaft, ungesüßt (0,1 l) = 46 Kalorien / 193 Joule

FRÜHSTÜCK

Müsli mit Apfel

Zutaten für 1 Person:
3 EL ungezuckerte Müsli- *1 TL Honig*
mischung, fertig gekauft *Kaffee oder Tee nach*
(20 g) *Belieben, nur mit*
⅛ l fettarme Milch *Süßstoff gesüßt*
1 kleiner Apfel (80 g)

Müslimischung mit der Milch ansetzen und etwa 15 Minuten zum Ausquellen stehen lassen. Apfel schälen und unter das Müsli reiben. Mit dem Honig süßen.

199 Kalorien / 833 Joule

MITTAGESSEN

Fenchel-Risotto

Zutaten für 2 Personen:

400 g Fleischtomaten
1 kleine Fenchelknolle
(ca. 250 g)
1 kleine Zwiebel
1 Knoblauchzehe
¼ l Instant-Gemüse-
brühe (Reformhaus)

1 TL Sonnenblumenöl
125 g parboiled Vollkorn-
reis
½ Bund glatte Petersilie
2 EL geriebener
Parmesan

Die Tomaten kreuzweise einritzen, mit kochendem Wasser überbrühen, kurze Zeit stehen lassen und enthäuten. Die Stengelansätze herausschneiden. Tomaten vierteln, Kerne und Saft herausdrücken und aufbewahren, Tomaten würfeln. Fenchelknolle putzen und würfeln, das Grün aufbewahren. Zwiebel und die Knoblauchzehe schälen und klein würfeln. Das Innere der Tomaten pürieren und mit Gemüsebrühe auf gut ¼ l auffüllen. In einer großen beschichteten Pfanne das Öl erhitzen und Zwiebel, Knoblauch und den Fenchel darin glasig andünsten. Reis zugeben, mit der Tomatenflüssigkeit auffüllen und 15 Minuten ausquellen lassen. Petersilie hacken. Fertigen Reis abschmecken, Tomatenwürfel unterheben und 3 Minuten mitziehen lassen. Mit Petersilie, die fein gehackt wurde und dem gehackten Fenchelgrün bestreuen. Dazu den geriebenen Käse servieren.

Pro Portion 403 Kalorien / 1687 Joule

ABENDESSEN

Zucchini-Reis-Pfannkuchen
türkische Art

Zutaten für 2 Personen:

1 Portionsbeutel Lang-
kornreis (62,5 g)
½ TL Salz
2 Zucchini (200 g)
½ TL Salz
2 Eier
½ Bund Schnittlauch
oder 2 Frühlingszwiebeln
mit Lauch
1 EL gehackte Petersilie

½ EL gehackter oder
½ TL getrockneter Dill
1 EL geriebener
Emmentaler-Käse
frisch gemahlener Pfeffer
2 TL Olivenöl
1 Becher Magerjoghurt
(150 g)
1 Knoblauchzehe

Den Beutel Reis in 1 l leicht gesalzenes kochendes
Wasser geben und in ca. 15 Minuten ausquellen lassen
— dazu die Hitze herunterschalten. In der Zwischenzeit die Zucchini waschen, Stiel und Blütenansatz abschneiden, Zucchini mit Küchenkrepp trockentupfen
und auf der Gemüseraffel mit der Schale grob reiben.
½ TL Salz untermischen, alles fest zusammendrücken
und ca. 15 Minuten stehenlassen. Gemüse in ein Haar-
sieb geben und ausdrücken. In eine Schüssel geben,
Eier, feingeschnittenen Schnittlauch, Petersilie, Dill,
Käse und den fertiggekochten Reis untermischen.
Pfeffern und eventuell leicht nachsalzen. In einer großen beschichteten Pfanne 1 TL Olivenöl erhitzen und
4—5 kleine Pfannkuchen von beiden Seiten goldgelb
backen, mit dem zweiten TL Olivenöl die weiteren
4—5 Pfannkuchen backen. Das Wasser, das sich vom

Joghurt abgesetzt hat, weggießen. Knoblauch schälen, in der Knoblauchpresse zerdrücken und unter den Joghurt rühren. Diesen zu den Zucchini-Puffern reichen.

Pro Portion 304 Kalorien / 1273 Joule

2 ZWISCHENMAHLZEITEN (pro Person)

1 Scheibe Knäckebrot mit Tomatenmark und Kresse oder Basilikum = 40 Kalorien / 167 Joule
1 Kiwi = 45 Kalorien / 188 Joule

Sie macht leichter und vor allem gesünder:
die Sieben-Tage-Reiskur – salzarm und fleischlos

*Die Pfunde purzeln und der
Blutdruck sinkt*

Bei Bluthochdruck empfiehlt der Arzt als erstes, den
Salzkonsum drastisch zu reduzieren und — hat der
Patient Übergewicht — rigoros abzunehmen. Reistage,
wie zu Beginn des Buches vorgeschlagen oder eine
längere Kur ohne Salz, wie diese hier, sind dafür ideal.
Keine Angst — Salz oder Natrium ist in Obst, Gemüse,
Kräutern und Gewürzen schon von Natur aus in un-
terschiedlichen Mengen enthalten, so daß es zu keinen Mangelerscheinungen kommen kann. Reis enthält nur ganz wenig Natrium, das Wasser an den Körper bindet, aber mehr Kalium, das auf der anderen
Seite den Wasserhaushalt regulieren hilft.
Eine Reiskur als medizinische Maßnahme wird jedoch
nicht nur bei Bluthochdruck und Übergewicht emp-
fohlen, sondern auch bei einer Anzahl anderer Stoffwechselerkrankungen. In den USA zum Beispiel gibt
es eine berühmte Reis-Klinik, und in anderen Ländern
wie Holland, Japan und Israel ebenfalls Ärzte, die Diät
mit Vollwert- und Naturreis auch bei Rheuma und
Gicht, bei chronischen Erkrankungen von Leber, Gal-

lenblase, Magen und Hautleiden wirkungsvoll einsetzen. Und sogar als Krebsdiät spielt Reis eine sehr wichtige Rolle.

Bei uns in Deutschland werden nun endlich immer mehr Ärzte, Diätfachkräfte und Kurorte auf die Heilkräfte, die im Naturreiskorn stecken, aufmerksam. Bad Bergzabern zum Beispiel, das Kneippheilbad am Rande des Pfälzer Waldes, nahe der französischen Grenze, praktiziert schon rund fünf Jahre erfolgreich Naturreiskuren. Hauptanwendung der Diät in diesem Kurort: Abbau von Übergewicht, Entschlackung und Blutreinigung, positive Beeinflussung bei Störungen von Herz und Kreislauf, bei Blutgefäßerkrankungen, Diabetes, Umstimmung der Stoffwechsellage, bei Nieren-Blasenerkrankungen und nervösen Störungen (weitere Informationen: Kurverwaltung, Kurtalstraße 25, 6748 Bad Bergzabern, Tel. 06343/8811). Eine ganze Menge — was der Reis hier bewirkt!

Wenn Sie mit einer Reisdiät ohne Fleisch und Salz beginnen möchten, sollten Sie vorher unbedingt mit Ihrem Hausarzt sprechen, sich beraten und auch während der Kur ambulant betreuen lassen. Vielleicht fällt der Salzverzicht zu Beginn noch schwer, doch entwickelt sich auch bei Ihnen nach wenigen Tagen garantiert ein völlig neues Geschmacksempfinden. Wie nie zuvor genießen Sie den Eigengeschmack der frischen Zutaten, der Gemüse- und Obstsorten, Kräuter und Gewürze — ein Erlebnis, das sensibler, gesünder und leichter macht, bei 1000 Kalorien pro Tag in einer Woche etwa zwei Kilogramm. Noch eins: Trinken Sie reichlich natriumarmes Heilwasser, Kräuter- und Früchtetee, bis drei Liter pro Tag. Zum Frühstück Tee oder Kaffee mit Süßstoff.

FRÜHSTÜCK

Joghurt mit Müsli

Zutaten für 1 Person:
1 Becher fettarmer   1 kleiner Apfel
Joghurt (150 g)   Süßstoff
1 EL Müsli ohne Zucker-
zusatz (fertig gekauft,
z. B. von Dr. Oetker,
Kellogg's o. ä. aus dem
Reformhaus)

Joghurt mit Müsli vermischen. Den Apfel waschen, entkernen und mit der Schale reiben. Unter den Joghurt mischen, eventuell mit flüssigem Süßstoff nachsüßen.

150 Kalorien / 628 Joule

MITTAGESSEN

Bananen-Curry-Reis

Zutaten für 1 Person:
60 g parboiled Vollkorn-   1 TL Curry
reis   2 EL trockener Weißwein
Pfeffer   1 TL Crème fraîche
1 kleine Zwiebel (80 g)   1 kleine Banane (100 g)
10 g Butter

Den Reis in der doppelten Menge Wasser 20 Minuten sanft garen. Zwiebel putzen und fein hacken, in 5 g Butter in einer beschichteten Pfanne anbraten. Curry zugeben und unter Rühren durchschwitzen lassen. Dann Wein und Crème fraîche zugeben, bei ausgeschalteter Hitze einrühren und kurz ziehen lassen. Eventuell mit 1—2 EL Wasser flüssiger machen. In einer anderen Pfanne die restliche Butter zerlassen, die Banane in Scheiben schneiden und darin anbraten. Bananenscheiben und Reis unter die Currysauce mischen und servieren.

419 Kalorien / 1754 Joule

ABENDESSEN

Rote Grütze mit Reis

Zutaten für 1 Person:

50 g Milchreis	*1 Stück Vanilleschote*
150 g gemischte	*3 EL Rotwein*
TK-Beeren	*flüssiger Süßstoff*
1 Stück Zitronenschale,	*5 EL Milch*
unbehandelt	

Die Hälfte der TK-Beeren mit der Zitronenschale, der aufgeschlitzten Vanilleschote und gut $\frac{1}{8}$ l Wasser zum Kochen bringen. Reis einstreuen und alles unter gelegentlichem Rühren 25 Minuten sanft garen, bzw. ausquellen lassen. 5 Minuten vor Ende der Garzeit die restlichen Beeren und den Rotwein zugeben. Zuletzt mit flüssigem Süßstoff nach Geschmack süßen. Grütze in eine Schüssel füllen und kühl stellen. Bei Tisch über die Grütze etwas kalte Milch gießen.

340 Kalorien / 1423 Joule

2 ZWISCHENMAHLZEITEN (pro Person)

1 Scheibe Matzen (ungesalzenes Knäckebrot, im Lebensmittelhandel oder Reformhaus) mit 1 TL Diät-Konfitüre = 53 Kalorien / 222 Joule
1 Kiwi = 45 Kalorien / 188 Joule

---

2. TAG

FRÜHSTÜCK

Grapefruit und Knäckebrot mit Ei

Zutaten für 1 Person:

½ *Grapefruit*　　　　　*1 Scheibe Knäckebrot*
1 Ei　　　　　　　　　*(salzlos gebacken,*
　　　　　　　　　　　Reformhaus)
　　　　　　　　　　　1 EL Schnittlauch

Grapefruit auslöffeln oder -pressen. Ei weich kochen, mit dem Schnittlauch auslöffeln und dazu das Knäckebrot essen.

151 Kalorien / 632 Joule

MITTAGESSEN

Möhren-Risotto auf Salat

Zutaten für 1 Person:

2 mittelgroße Möhren
(200 g)
1 kleines Stück Sellerie
(50 g)
1 Schalotte (ca. 20 g)
5 g Butter
40 g parboiled Lang-
kornreis

3 EL Weißwein
1 EL Crème fraîche
schwarzer Pfeffer aus der
Mühle
2 EL gehackte Petersilie
1 Kopfsalatherz
etwas Zitronensaft
1 TL gehackte Walnüsse

Möhren und Sellerie schälen und grob raspeln. Die
Schalotte schälen und klein würfeln. Butter in einem
Topf erhitzen und das Gemüse darin anschmoren.
Reis zugeben und unter Wenden glasig werden las-
sen. Knapp $\frac{1}{8}$ l Wasser zugießen und alles 15 Minuten
bei milder Hitze garen. Kurz vor Ende der Garzeit den
Wein unterrühren und mitziehen lassen. Crème fraîche unter den Reis mischen. Sollte er zu fest sein,
noch 1—2 EL Wasser unterrühren. Mit Pfeffer würzen.
Kopfsalat waschen und trockenschleudern. Die Blätter
auf einem großen Teller auslegen und mit Zitronensaft
beträufeln. Darauf den Möhren-Risotto geben. Mit
Walnüssen bestreut servieren.

445 Kalorien / 1863 Joule

ABENDESSEN

Exotischer Reissalat

Zutaten für 1 Person:
30 g parboiled Vollkorn-
reis
etwas Zitronenschale
(unbehandelt)
1 Kiwi
1 kleine Banane (100 g)

1 Mandarine oder
½ mittelgroße Orange
1 TL gehackte Mandeln
flüssiger Süßstoff
1 EL Zitronensaft

Reis in der doppelten Menge Wasser garen, dabei die Zitronenschale mitkochen. Reis abkühlen lassen. Kiwi dünn schälen und in Scheiben schneiden, ebenso die Banane. Mandarine schälen und die Spalten halbieren. Reis in eine Schüssel geben, mit der Gabel lockern, das Obst untermischen, mit Süßstoff und Zitronensaft abschmecken. Mandeln in der trockenen Pfanne kurz anrösten und über den Reis-Salat streuen.

274 Kalorien / 1174 Joule

2 ZWISCHENMAHLZEITEN (pro Person)

½ Grapefruit = 28 Kalorien / 117 Joule
1 Vollkornzwieback mit 1 TL Diät-Konfitüre = 58 Kalorien / 243 Joule

FRÜHSTÜCK

Zwieback mit Apfelmus

Zutaten für 1 Person:

2 Vollkornzwiebäcke
2 TL Crème fraîche
1 kleiner Apfel

einige Tropfen Zitrone
und flüssiger Süßstoff

Zwieback mit Crème fraîche bestreichen. Apfel schälen, halbieren, Kerngehäuse herausschneiden und den Apfel fein reiben. 1—2 Tropfen Zitrone und Süßstoff untermischen und mit dem Mus die Zwiebäcke belegen.

201 Kalorien / 841 Joule

MITTAGESSEN

Reissuppe mit Gemüse

Zutaten für 1 Person:

50 g parboiled Lang-
kornreis
1 TL Olivenöl
2 kleine Möhren (100 g)
½ Kohlrabi (50 g)
1 kleine Kartoffel
1 kleine Porree-Stange (50 g)

einige Salbeiblätter
2 EL gehackte Petersilie
weißer Pfeffer
Thymian
etwas Zitronensaft

Gemüse waschen, putzen und in kleine Stücke schneiden. Öl in einem Topf erhitzen und das Gemüse darin anschmoren. Gut ¼ Liter Wasser zugießen, alles zum Kochen bringen. Den Reis einstreuen und mit dem Gemüse 20 Minuten bei mittlerer Hitze garen. Gehackte Petersilie unterrühren, die Suppe mit Pfeffer, Thymian und Zitronensaft abschmecken.

258 Kalorien / 1080 Joule

ABENDESSEN

Melone mit Sahnereis gefüllt

Zutaten für 1 Person:
50 g parboiled Vollkornreis
1 EL Sultaninen
½ Vanilleschote
flüssiger Süßstoff
3 EL süße Sahne

½ kleine Honigmelone (Ogen- oder Netzmelone, a. 300 g ohne Kerne)
1 TL gehackte Mandeln

Reis in der doppelten Menge Wasser mit den gewaschenen Sultaninen und der aufgeschlitzten Vanilleschote garen. Sahne leicht steif schlagen, etwas flüssigen Süßstoff untermischen und unter den Reis ziehen. Melone halbieren, Kerne mit einem Löffel herausschaben. Eine Schicht aus dem Melonenfleisch herausnehmen und in Stückchen schneiden. Diese unter den Reis mischen und alles in die Melone häufen. Mandeln kurz in einer Pfanne ohne Fett anrösten und auf den Reis streuen. Reis entweder sofort servieren oder eine halbe Stunde kühl stellen. In diesem Fall erst kurz vor dem Auftragen die Mandeln auf den Reis

geben. Reis auslöffeln und zum Schluß das Melonenfleisch mit herausschaben.

432 Kalorien / 1808 Joule

2 ZWISCHENMAHLZEITEN   (pro Person)

1 Bund Radieschen = 16 Kalorien / 67 Joule
1 Diät-Fruchtjoghurt (150 g) = 74 Kalorien / 310 Joule

---

4. TAG

FRÜHSTÜCK

Knusper-Dickmilch

Zutaten für 1 Person:
1 Becher Dickmilch   *1 Msp Zimt*
(1,5 % Fett, 250 g)   *2 EL Puffreis ohne Zucker*
flüssiger Süßstoff   *(Reformhaus)*

Dickmilch mit Süßstoff süßen, Zimt untermischen und
zum Schluß den Puffreis darüberstreuen.

148 Kalorien / 620 Joule

Indischer Reissalat

Zutaten für 1 Person:

40 g parboiled Vollkorn-
reis
1 El Sultaninen
1 kleiner Apfel (150 g)
1 Mandarine oder
1 kleine Orange

Für die Marinade:
1 TL Sonnenblumenöl
2 EL Zitronensaft
½ Knoblauchzehe

Cayennepfeffer
1 gute Msp Curry
1 Prise Pimentpulver
etwas abgeriebene
Orangenschale
je 1 EL gehackte Petersilie
und Schnittlauch
1–2 Tropfen flüssiger
Süßstoff
1 TL Sonnenblumen-
kerne

Reis in der doppelten Menge Wasser 20 Minuten sanft garen bzw. ausquellen lassen. Zum Abkühlen auf einem flachen Teller ausbreiten. Sultaninen in wenig Wasser einweichen. Während der Reis auskühlt, Apfel schälen, entkernen und mit Schale grob raspeln. Mandarine oder Orange schälen, in Spalten teilen und diese in kleine Stücke schneiden. Reis, Obst und die abgetropften Sultaninen in eine Schüssel füllen.
Aus Öl, Zitronensaft, der zerdrückten Knoblauchzehe, Cayennepfeffer, Curry, Pimentpulver, Orangenschale, den Kräutern und ganz wenig flüssigem Süßstoff eine Marinade rühren. Diese über Reis und Früchte gießen, untermischen und den Salat eine Viertelstunde ziehen lassen. Vor dem Servieren 1 TL Sonnenblumenkerne darüberstreuen.

300 Kalorien / 1256 Joule

ABENDESSEN

Orangenreis mit Feigensauce und Pistazien

Zutaten für 1 Person:

2 getrocknete Feigen
50 g parboiled Vollkorn-
reis
½ Orange (75 g), unbe-
handelt

flüssiger Süßstoff
1 TL gehackte Pistazien

Feigen einige Stunden vor Zubereitung der Mahlzeit in wenig Wasser einweichen. Reis in der doppelten Menge Wasser garen und zum Abkühlen beiseite stellen. Von der Orange die Schale abreiben. Orange auspressen, das Abgeriebene und den Saft unter den Reis mischen und mit Süßstoff abschmecken.
Feigen mit der Einweichflüssigkeit im Mixer pürieren. Pistazien in der trockenen Pfanne ohne Fett durchrösten. Reis auf einen Dessertteller geben, die Sauce dazugießen und den Reis mit Pistazien bestreuen.

349 Kalorien / 1461 Joule

2 ZWISCHENMAHLZEITEN (pro Person)

½ Orange = 41 Kalorien / 172 Joule
1 ungesalzenes Knäckebrot oder 1 Scheibe Matzen mit 1 TL Honig = 66 Kalorien / 276 Joule

5. TAG

FRÜHSTÜCK

Kressebrot und Orangensaft

Zutaten für 1 Person:
1 Scheibe Matzen
(ungesalzenes Weizen-
Knäckebrot, im Lebens-
mittelladen oder Reform-
haus)

1 EL Magerquark
1 EL Milch
½ Kästchen Kresse
1 kleines Glas Orangen-
saft, frisch gepreßt (0,2 l)

Quark mit der Milch glattrühren, auf das Brot streichen und mit Kresse belegen.

170 Kalorien / 712 Joule

MITTAGESSEN

Reis-Rettich-Salat

Zutaten für 1 Person:
50 g parboiled Lang-
kornreis
½ kleiner Rettich oder
1 Bund Radieschen
(100 g)
1 kleiner Apfel (100 g)
je 1 EL gehackte Peter-
silie, Schnittlauch und
Dill

1–2 EL Weinessig oder
Zitrone
1 TL Sonnenblumenöl
reichlich frisch
gemahlener Pfeffer
einige Kopfsalatblätter
etwas Zitronensaft

Reis in der doppelten Menge Wasser ohne Salz kochen und ausdampfen lassen. In der Zwischenzeit den Rettich schälen und in kleine Stifte schneiden oder grob raspeln, Apfel waschen, entkernen und mit der Schale ebenfalls kleinschneiden oder raspeln. Mit den gehackten Kräutern unter den abgekühlten Reis mischen. Aus Essig, Öl und Pfeffer eine Marinade rühren, eventuell mit 1—2 EL Wasser verlängern, über den Salat gießen und untermischen. Kurze Zeit ziehen lassen. Salatblätter waschen, abtropfen lassen, einen Teller damit auslegen, Blätter mit Zitronensaft beträufeln und darauf den Salat anrichten.

305 Kalorien / 1277 Joule

ABENDESSEN

Zitronen-Reis mit Pfirsich-Schaum

Zutaten für 1 Person:

50 g parboiled Langkornreis
Schale von ½ Zitrone, unbehandelt
2 EL Crème fraîche

flüssiger Süßstoff
1 dicker Pfirsich, ersatzweise 1 Apfel, (200 g)
1 EL Zitronensaft

Reis mit der Zitronenschale in der doppelten Menge Wasser kochen, etwas abkühlen lassen. Crème fraîche unterrühren. Einige Tropfen Süßstoff in 2 EL Wasser geben und damit den Reis süßen. Gut umrühren, damit er sich richtig verteilt. Pfirsich mit kochendem Wasser überbrühen, schälen. Mit Zitronensaft und etwas Süßstoff im Mixer pürieren, bis die Masse schaumig wird. An die Reisportion gießen und servieren.

443 Kalorien / 1854 Joule

2 ZWISCHENMAHLZEITEN   (pro Person)

1 Möhre (100 g) = 35 Kalorien / 147 Joule
1 ungesalzenes Knäckebrot oder 1 Scheibe Matzen mit 1 TL Crème fraîche und 1 EL Schnittlauch = 60 Kalorien / 251 Joule

---

6. TAG

FRÜHSTÜCK

Müsli mit Banane

Zutaten für 1 Person:
2 EL zuckerfreies Müsli   ½ Banane

Müsli am Vorabend mit etwas Wasser zum Quellen ansetzen. Am Morgen Banane schälen, in feine Scheiben schneiden und unter das Müsli mischen.

142 Kalorien / 594 Joule

MITTAGESSEN

Geschmorte Tomaten, mit Kräuterreis gefüllt

Zutaten für 1 Person:

50 g parboiled Vollkorn-
reis
2 dicke Fleischtomaten
1 kleine Zwiebel
1 TL Olivenöl
½ TL getrockneter
Thymian
1 Blättchen Salbei,
gehackt

1 EL gehackte Petersilie
1 EL Zitronensaft
schwarzer Pfeffer aus der
Mühle
3 EL trockener Weißwein
1 TL Olivenöl

Reis in der doppelten Menge Wasser 10 Minuten garen. In der Zwischenzeit Tomaten waschen, einen Deckel abschneiden und aushöhlen. Zwiebel schälen und kleinhacken, in 1 TL Olivenöl andünsten. Reis zugeben und mitschmoren lassen. Kräuter, Zitronensaft und reichlich schwarzen Pfeffer zugeben. Diese Mischung in die Tomaten füllen, Deckel aufsetzen und nebeneinander in einen kleinen Topf setzen. Wein, Olivenöl und 3 EL Wasser angießen, mit etwas Pfeffer übermahlen und alles im geschlossenen Topf bei mittlerer Hitze ca. 15—20 Minuten garen. Aus dem Topf heben, etwas abtropfen lassen und auf den Teller setzen. Den Sud kann man getrennt dazu servieren.

341 Kalorien / 1427 Joule

ABENDESSEN

Reis-Soufflé mit Kiwisauce

Zutaten für 1 Person:

50 g parboiled Vollkorn-reis	1 Ei
1 Vanilleschote	1 EL Sahne
Süßstoff	5 g Butter
	1 Kiwi

Reis in der doppelten Menge Wasser garen — die aufgeschlitzte Vanille-Schote und das ausgeschabte Mark mitkochen. Eigelb mit Süßstoff nach eigenem Geschmack süßen, mit der Sahne schaumig schlagen. Vanilleschote aus dem Reis nehmen und diesen abkühlen lassen. Dann mit dem Eigelb vermischen. Eiweiß zu steifem Schnee schlagen und vorsichtig unter die Reis-Ei-Masse heben. Alles in eine gebutterte Auflaufform füllen und im vorgeheizten Backofen bei 220 Grad 15 Minuten backen. In der Zwischenzeit Kiwi dünn schälen, $\frac{1}{2}$ Kiwi im Mixer pürieren, die andere Hälfte klein hacken und mit einigen Tropfen Süßstoff unter das Püree mischen. Dieses zum Soufflé reichen.

373 Kalorien / 1561 Joule

2 ZWISCHENMAHLZEITEN   (pro Person)

$\frac{1}{2}$ Banane (100 g) = 68 Kalorien / 285 Joule
1 Becher Magerjoghurt (150 g) mit 1 TL Honig = 90 Kalorien / 377 Joule

FRÜHSTÜCK

Brot mit Konfitüre

Zutaten für 1 Person:
1 Scheibe Matzen oder	*1 TL Diät-Konfitüre*
ungesalzenes Knäckebrot	*1 Apfel (100 g)*
1 TL Crème fraîche	

Brotscheibe mit Crème fraîche und Konfitüre bestreichen.

135 Kalorien / 565 Joule

MITTAGESSEN

Orientalischer Pilaw
mit gebratenen Zucchini

Zutaten für 1 Person:
1 kleine Zwiebel
1 TL Olivenöl
50 g parboiled Vollkorn-reis
1 EL Sultaninen (10 g)
½ EL Pinienkerne
½ TL getrocknete Minze
1 EL gehackte Petersilie
1 Msp gemahlener Piment

je 1 Prise Kreuzkümmel
und Cayennepfeffer
1–2 Tropfen flüssiger
Süßstoff
1 Zucchini (150 g)
1 TL Olivenöl
schwarzer Pfeffer aus der
Mühle
einige Spritzer Zitronen-saft

Zwiebel schälen und kleinschneiden. Öl in einem Topf erhitzen und Zwiebel darin anbraten. Reis zugeben und unter Rühren glasig werden lassen. Knapp ⅛ l Wasser zugießen, die gewaschenen Sultaninen zugeben. Pinienkerne kurz in einer Pfanne ohne Fett anrösten und ebenfalls unter den Reis mischen. Mit Minze, Petersilie, Piment, Kreuzkümmel, Cayennepfeffer und Süßstoff würzen. Den Reis bei sanfter Hitze etwa 15 Minuten kochen lassen.

In der Zwischenzeit Zucchini waschen, Stiel- und Blütenansätze abschneiden. Zucchini längs in Scheiben schneiden. Öl in einer beschichteten Pfanne erhitzen und die Zucchinischeiben nebeneinander von beiden Seiten anbraten. Mit Pfeffer übermahlen, mit etwas Zitronensaft beträufeln und zu dem Pilaw reichen.

374 Kalorien / 1566 Joule

ABENDESSEN

Reisauflauf mit Quark und Apfel

Zutaten für 1 Person:

50 g parboiled Lang-
kornreis
1 kleiner Apfel (100 g)
50 g Magerquark
½ TL Stärkepuder
1 TL Zitronensaft
abgeriebene Schale von
½ Zitrone, unbehandelt

flüssiger Süßstoff
1 Eiweiß
5 g Butter (zum Aus-
fetten der Form)
Zimt

Reis in der doppelten Menge ungesalzenem Wasser garen und abkühlen lassen. Apfel schälen, Kerngehäuse herausschneiden. Apfel achteln und in dünne

Scheibchen schneiden. Den Quark mit 2 EL Wasser glattrühren. Stärkepuder, Zitronensaft und die abgeriebene Schale der halben Zitrone unterrühren. Mit Süßstoff abschmecken. Den abgekühlten Reis unter den Quark mischen. Zuletzt Eiweiß zu steifem Schnee schlagen und unterheben. Auflaufform ausfetten, die Apfelscheiben hineinschichten, Reis-Quark-Mischung darüberfüllen und alles im vorgeheizten Backofen bei 220 Grad 15—20 Minuten überbacken. Vor dem Servieren mit Zimt überpudern.

350 Kalorien / 1465 Joule

2 ZWISCHENMAHLZEITEN (pro Person)

1 kleine Birne (100 g) = 55 Kalorien / 230 Joule
1 EL Müsli und ½ Becher Magerjoghurt = 66 Kalorien / 276 Joule

Die große Drei-Wochen-Reiskur bei stärkeren Gewichtsproblemen

Mit Reis das Normal- oder Idealgewicht erreichen

Eine Drei-Wochen-Kur, das ist natürlich kein Pappenstiel, so könnte man glauben. Und noch dazu jeden Tag Reis, den wird auch der größte Reisfan einmal leid. Sicher, ganz einfach ist es nicht, sich drei Wochen lang strikt an einen Diätplan zu halten, auf vieles verzichten, was man gerne ißt oder trinkt — hin und wieder ein Glas Wein zum Beispiel. Doch wenn die Diät-Rezepte so abwechslungsreich und verlockend sind wie in dieser vielseitigen und ausgewogenen Diät mit gemischter Kost, fällt das Durchhalten gar nicht so schwer — wetten?

Und was den Reis betrifft, so gibt es wohl kaum ein anderes Nahrungsmittel, das so anpassungsfähig ist, sich mit fast allen Zutaten, ob süß oder herzhaft, so ideal kombinieren läßt, wie er. Nach drei Wochen werden Sie garantiert den Reis vermissen, wenn er einmal nicht auf dem täglichen Speiseplan steht.

Noch ein paar Tips vor Beginn:
Fangen Sie diese Kur nur an, wenn Sie sich so richtig gut fühlen. Bei einem seelischen Tief schleppen Sie sich womöglich gerade so durch die ersten Tage und brechen dann frustriert ab. Dieser Rat gilt übrigens für alle Kuren und hat mit dem Reis speziell nichts zu tun. Dieser gibt Ihnen hier die Chance, sich auf eine gesündere Lebensweise umzustellen. Warten Sie ruhig den richtigen Zeitpunkt ab und beginnen Sie dann damit. Planen Sie für jede Woche etwas ganz Besonderes: den schon lange aufgeschobenen Museumsbesuch, sehen Sie sich einen interessanten, langersehnten Film an. Besorgen Sie sich eine Dauerkarte fürs Schwimmbad. Sie wissen doch: Sport hilft toll beim Abnehmen. Und außerdem kommen Sie dann nicht so schnell auf dumme Gedanken. Melden Sie sich vielleicht auch mal bei der Kosmetikerin an — alles ist wichtig, was Ihrer Gesundheit und Ihrem Wohlbefinden dient. Wenn zwischendurch der Appetit unruhig macht, trinken Sie in aller Ruhe einen guten Tee, nehmen Sie ein heißes Bad, das entspannt und macht gelassen. Duschen Sie nach der Arbeit erst einmal, ehe Sie sich an die Vorbereitung des Essens machen — auch das hilft, kritische Minuten zu überbrücken. Und der Erfolg? Bei 1000—1100 Kalorien pro Tag etwa zwei Kilo in einer Woche — je nach Veranlagung etwas mehr oder weniger — sind Ihnen sicher.

Noch etwas zum Frühstück: Wie bei allen Diäten sind Tee oder Kaffee ohne Milch, mit Süßstoff gesüßt, erlaubt. Tagsüber Mineralwasser mit niedrigem Natriumgehalt, Früchte- und Kräutertees, die Sie in reicher Auswahl und vielen Geschmacksnuancen zu

Hause haben sollten. Denn Sie dürfen täglich ganz viel trinken — zwischen zwei bis drei Litern.

Fünfzehnmal Frühstück zum Aussuchen

Brötchen mit Frischkäse und Tomate

Zutaten für 1 Person:
1 Roggenbrötchen   *frische Kresse*
20 g kalorienarmer   *1 Tomate (150 g)*
Frischkäse (20 % Fett)

Brötchen halbieren, mit Frischkäse bestreichen und mit Kresse belegen. Dazu die Tomate.

162 Kalorien / 678 Joule

Mischbrot mit Konfitüre

Zutaten für 1 Person:
½ Scheibe Mischbrot   *1 Magerjoghurt (150 g)*
(20 g)   *nach Geschmack 1 TL*
1 TL Diät-Konfitüre   *Schnittlauch-Röllchen*

Brot mit Konfitüre bestreichen, Joghurt entweder pur essen oder mit Schnittlauch würzen.

189 Kalorien / 791 Joule

Brötchen mit Lachsschinken

Zutaten für 1 Person:
½ Brötchen   1 süß-sauer eingelegte
2 Scheiben Lachs-   Gurke (100 g)
schinken (30 g)

Brötchen mit Lachsschinken belegen, Gurke in Scheiben schneiden. Brötchen damit belegen oder dazu essen.

162 Kalorien / 678 Joule

Käsebrot mit Radieschen

Zutaten für 1 Person:
1 Scheibe Leinsamen-   ½ Schmelzkäseecke,
oder Mischbrot (40 g)   kalorienarm
                        (z. B. Du darfst)
                        ½ Bund Radieschen

Brot mit Käse bestreichen und mit Radieschenscheiben dicht belegen.

178 Kalorien / 745 Joule

Rice Krispies mit Erdbeeren

Zutaten für 1 Person:
1/8 l fettarme Milch
8 EL Rice Krispies

100 g Erdbeeren, frisch
oder tiefgekühlt

Milch mit Krispies und kleingeschnittenen Erdbeeren vermischen.

175 Kalorien / 733 Joule

Butterbrötchen und Fruchtjoghurt

Zutaten für 1 Person:
1/2 Roggenbrötchen
5 g Butter

1 Diät-Fruchtjoghurt
(150 g, z. B. Assugrin)

Brötchen mit Butter bestreichen, dazu den Joghurt.

167 Kalorien / 699 Joule

Vollkornbrot mit Kräuterquark

Zutaten für 1 Person:
1 Scheibe Vollkornbrot
(40 g)
2 EL Magerquark

2 EL gehackte Kräuter
1 Msp Paprikapulver
je 1 Prise Pfeffer und Salz

Quark mit Kräutern und Gewürzen und eventuell 1 EL Wasser vermischen und geschmeidig rühren. Damit das Brot bestreichen.

150 Kalorien / 628 Joule

Leberwurstbrote mit Gurke

Zutaten für 1 Person:
2 Scheiben Roggen-　　　30 g kalorienarme
knäckebrot　　　　　　 Leberwurst
　　　　　　　　　　　(z. B. Du darfst)
　　　　　　　　　　　100 g frische Gurke

Knäckebrot mit der Leberwurst bestreichen, dazu
Gurkenscheiben.

162 Kalorien / 678 Joule

Früchte-Müsli mit Joghurt

Zutaten für 1 Person:
3 EL Fertig-Müsli, unge-　 1 Magerjoghurt
zuckert (20 g, z. B.　　　　1 TL Honig
Dr. Oetker, Kellogs)

Müsli mit 3—4 EL Wasser vor dem Frühstück
verrühren und quellen lassen, mit Joghurt und Honig
vermischen.

160 Kalorien / 670 Joule

Knäckebrot mit Puten-Aufschnitt

Zutaten für 1 Person:
2 Scheiben Knäckebrot   1 Tomate (100 g)
30 g Putenaufschnitt

Knäckebrot mit dem Aufschnitt und Tomatenscheiben belegen.
130 Kalorien / 544 Joule

Toast mit weichgekochtem Ei und Grapefruit

Zutaten für 1 Person:
1 Scheibe Toast   ½ Grapefruit
1 kleines Ei

Toast rösten, Ei wachsweich kochen und zum Toast essen, Grapefruit nach Geschmack mit 1 Tropfen Süßstoff süßen.
190 Kalorien / 795 Joule

Knäckebrot mit Tomatenmark und Käse

Zutaten für 1 Person:
2 Scheiben Knäckebrot   2 Scheiben kalorienarmer
2 TL Tomatenmark   Edamer, 50 g (10 % Fett)

Knäckebrot mit Tomatenmark bestreichen und mit dem Käse belegen.

168 Kalorien / 703 Joule

Dickmilch mit Honig

Zutaten für 1 Person:
1 Becher Dickmilch,   2 TL Honig
Magerstufe (200 g)

Dickmilch mit Honig verrühren.

150 Kalorien / 628 Joule

Vollkornbrot mit Pflaumenmus und Milchkaffee

Zutaten für 1 Person:
1 Scheibe Vollkornbrot   *1 EL Diät-Pflaumenmus*
(40 g)   *¹⁄₁₆ fettarme Milch*

Brot mit Pflaumenmus bestreichen. Milch erhitzen und mit starkem Kaffee mischen — nach Geschmack mit Süßstoff süßen.

164 Kalorien / 686 Joule

Apfelquark mit Rice Krispies

Zutaten für 1 Person:
100 g Magerquark   *flüssiger Süßstoff*
1 Apfel (100 g)   *2 EL Rice Krispies*
1 TL Zitronensaft

Quark mit geriebenem Apfel und Zitronensaft — eventuell noch 2—3 EL Wasser geschmeidig rühren, mit Süßstoff süßen. Über die fertige Portion Rice Krispies streuen.

162 Kalorien / 678 Joule

MITTAGESSEN

Pilzrisotto mit Salat

Zutaten für 2 Personen:
100 g Champignons
5 g Butter
1 TL Zitronensaft
abgeriebene Zitronen-
schale, unbehandelt
Pfeffer
Salz
100 g parboiled Lang-
kornreis
2 EL gehackte Petersilie
2 EL geriebener Parmesan

1 kleiner Kopf grüner
Salat
100 g Radicchio
150 g Tomaten
1 EL Essig
1–2 Tropfen flüssiger
Süßstoff
1 TL Dijon-Senf
1 TL Olivenöl

Champignons waschen, putzen und in feine Scheiben schneiden. Die Pilze in der Butter andünsten, mit Zitronensaft und Zitronenschale, Pfeffer und Salz würzen. Reis zugeben, leicht anbraten, dann $\frac{1}{4}$ l Wasser zugeben und den Reis unter sanftem Kochen 15 Minuten ausquellen lassen. Abschmecken, mit gehackter Petersilie und geriebenem Käse mischen.

Während der Reis gart, den Salat, Radicchio und Tomaten waschen, putzen und vierteln. Aus den restlichen Zutaten eine Salatsauce rühren, über die Salatzutaten träufeln und zu dem Risotto servieren.

Pro Portion 313 Kalorien / 1310 Joule

ABENDESSEN

Anatolische Reis-Joghurt-Suppe

Zutaten für 2 Personen:

80 g parboiled Lang-	1 EL Zitronensaft
kornreis	1 TL getrocknete
½ l Fleischbrühe (Instant)	Pfefferminze
1 Ei	10 g Butter
1 Becher fettarmer	1 TL Rosenpaprika
Joghurt	(scharf)
Salz	1 Brötchen

Reis in der Fleischbrühe 20 Minuten kochen. Ei und Joghurt in einer kleinen Schüssel miteinander verschlagen, etwas von der Brühe zugeben und mit verrühren. Suppe von der Herdplatte nehmen, das Ei-Joghurt-Gemisch einrühren. Noch einmal kurz auf die Platte stellen und unter Rühren 5 Minuten erhitzen, die Suppe darf aber nicht mehr kochen. Mit Salz und Zitronensaft abschmecken, zuletzt die Pfefferminze unterrühren. In einem Butterpfännchen Butter erhitzen, bis sie schäumt, von der Platte nehmen und Paprika einrühren. Auf jede Suppenportion ein Teelöffelchen von der Paprikabutter geben und servieren.
Dazu pro Person ½ Brötchen.

Pro Portion 337 Kalorien / 1411 Joule

2 ZWISCHENMAHLZEITEN (pro Person)

1 kleiner Apfel (100 g) = 55 Kalorien / 230 Joule
1 Knäckebrot mit 1 TL Diät-Konfitüre = 56 Kalorien / 234 Joule

MITTAGESSEN

Fisch-Spießchen auf Zitronen-Reis

Zutaten für 2 Personen:

2 Rotbarschfilets
(je 150 g)
2 TL Sonnenblumenöl
Salz
Pfeffer aus der
Mühle
2 EL Zitronensaft
Lorbeerblätter
Scheibe von 1 Zitrone
(unbehandelt)

8 gefüllte Oliven
100 g parboiled Lang-
kornreis
abgeriebene Schale von
½ Zitrone (unbehandelt)
10 g Butter
½ Kopfsalat
etwas Zitronensaft

Fischfilet in Würfel schneiden. Öl, Salz, Pfeffer und 1 EL Zitronensaft miteinander mischen, die Fischwürfel darin wenden und 15 Minuten marinieren. Dann abwechselnd mit Lorbeerblättern, Zitronenscheibchen und den Oliven auf Holzspieße stecken, mit der restlichen Marinade einpinseln und in 10 Minuten rundherum grillen oder in einer beschichteten Pfanne braten. Währenddessen den Reis in der doppelten Menge Wasser, leicht gesalzen, bei sanfter Hitze ausquellen lassen. Den restlichen Zitronensaft, die abgeriebene Zitronenschale und die Butter unter den fertigen Reis mischen. Mit den Fischspießchen servieren. Dazu einige Kopfsalatblätter, nur mit Zitrone beträufelt.

Pro Portion 450 Kalorien / 1884 Joule

ABENDESSEN

Zimtreis mit Ananas

Zutaten für 2 Personen:

125 g parboiled Vollkorn-	*flüssiger Süßstoff*
reis	*3 Scheiben Ananas*
1 Stück Zimtstange	*(Dose)*
⅛ l fettarme Milch	*2 TL geriebene*
1 Msp gemahlener Zimt	*Haselnüsse*

Reis in der doppelten Menge Wasser garen — Zimtstange mitkochen lassen und herausnehmen, wenn
der Reis fertig ist. Dann die Milch, gemahlenen Zimt
und Süßstoff nach Geschmack untermischen und den
Reis auf der ausgeschalteten Platte nachquellen lassen.
Ananasscheiben abtropfen lassen und in Stückchen
schneiden. Reis in 2 Portionen aufteilen, auf jede die
Hälfte der Ananas legen und zuletzt mit Haselnüssen
bestreuen.

Pro Portion 358 Kalorien / 1499 Joule

2 ZWISCHENMAHLZEITEN   (pro Person)

1 Scheibe Ananas mit 1 EL Magerquark = 62 Kalorien /
260 Joule
1 Tomate = 19 Kalorien / 80 Joule

MITTAGESSEN

Wirsing-Reis

Zutaten für 2 Personen:

1 Beutel getrocknete	Salz
Steinpilze	Kümmel
700 g junger Wirsing	schwarzer Pfeffer aus der
50 g magerer Schinken	Mühle
ohne Fettrand	100 g Vollkornreis
1 kleine Zwiebel	1 EL gehackte Petersilie
10 g Butter	

Die Steinpilze in Wasser einweichen. Den Wirsing vierteln, die harten Außenblätter lösen, Strunk und die dicken Blattrippen herausschneiden, Blätter in Streifen schneiden. Schinken würfeln, Zwiebel schälen und ebenfalls in kleine Würfel schneiden. In einer beschichteten Pfanne beides in der Butter andünsten. Pilze abtropfen lassen, ausdrücken, mit dem Wirsing in die Pfanne geben und alles zusammen unter Wenden anschmoren. Kräftig mit 1 Prise Kümmel und Pfeffer, wenig mit Salz würzen. 4 EL Wasser angießen und Deckel aufsetzen. Alles 5 Minuten schmoren. Reis zugeben, ebenfalls ¼ l Wasser. Pfanne wieder schließen und weitere 20—25 Minuten auf kleiner Flamme dünsten. Abschmecken und bei Tisch auf jede Portion frisch gehackte Petersilie streuen.

Pro Portion 472 Kalorien / 1976 Joule

ABENDESSEN

Matjes auf Apfel-Reis-Salat

Zutaten für 2 Personen:
100 g parboiled Lang-
kornreis
1 säuerlicher Apfel
(ca. 120 g)
2 Frühlingszwiebeln oder
1 rote Zwiebel
1 ½ EL Weißweinessig
Pfeffer

Salz
1 Spritzer flüssiger
Süßstoff
1 EL Meerrettich (Glas
oder Tube)
4 TL Crème fraîche
1 Matjesfilet (80 g), mild
gesalzen

Reis in die doppelte Menge kochendes Wasser streu-
en und in 15 Minuten ausquellen lassen. Den Apfel
waschen, achteln, entkernen und mit der Schale in
Scheiben schneiden. Die Frühlingszwiebeln putzen
und in feine Röllchen schneiden oder die rote Zwiebel halbieren, vierteln und in sehr dünne Streifchen
schneiden. Essig, Pfeffer, Salz, Meerrettich und Crème
fraîche verrühren. Äpfel und Zwiebeln in diese Marinade geben. Den fertigen Reis abkühlen lassen und
ebenfalls unterheben. Zu jeder Portion ½ Matjesfilet
servieren.
Pro Portion 391 Kalorien / 1637 Joule

2 ZWISCHENMAHLZEITEN (pro Person)

1 Knäckebrot mit 1 EL Magerquark und Schnittlauch =
64 Kalorien / 268 Joule
1 Kiwi = 45 Kalorien / 188 Joule

MITTAGESSEN

Curryreis mit Putenfleisch

Zutaten für 2 Personen:

100 g parboiled Lang-   *½ Knoblauchzehe*
kornreis   *1 gehäufter TL mittel-*
Salz   *scharfer Senf*
50 g kalorienver-   *2 EL Mango-Chutney*
minderter Frischkäse   *je 1 EL Zitronensaft und*
(20 % Fett)   *Wasser*
1 TL Currypulver   *200 g Putenaufschnitt*
1 Prise Cayennepfeffer   *4 Cornichons*

Reis in die doppelte Menge leicht gesalzenes kochendes Wasser einstreuen, kurz ankochen und bei heruntergedrehter Hitze in etwa 15 Minuten ausquellen lassen. Den Frischkäse mit den angegebenen Gewürzen, dem geschälten und durchgepreßten Knoblauch sowie dem Mango-Chutney verrühren — eventuell mit 1 EL Zitronensaft und 1 EL Wasser flüssiger machen. Den fertigen Reis unter diese Sauce mischen, mit dem Putenaufschnitt und den in längliche Scheiben geschnittenen Cornichons servieren.

Pro Portion 420 Kalorien / 1758 Joule

ABENDESSEN

Reissuppe mit Fleischklößchen

Zutaten für 2 Personen:

125 g Tatar	1 Beutel getrocknete
½ trockenes Brötchen	Steinpilze
1 Eigelb	125 g Champignons
1 TL Senf	½ l Fleischbrühe
Pfeffer	(Instant)
Salz	6–7 Korianderkörner
frischer oder 1 TL	40 g parboiled Lang-
getrockneter Thymian	kornreis

Das Hackfleisch mit dem in Wasser eingeweichten und ausgedrückten Brötchen, dem Eigelb, Senf, Pfeffer, Salz und den kleingehackten Thymianblättchen gut verkneten. Daraus kleine Klößchen formen. Diese in gut ¼ l leicht gesalzenem Wasser bei sanfter Hitze in etwa 15 Minuten gar ziehen lassen. Trockenpilze mit etwa ⅛ l Wasser bedecken und ausquellen lassen. Die Champignons waschen, putzen und in Scheiben schneiden. Klößchen aus der Brühe nehmen, diese mit Wasser auf ½ l auffüllen, die Instant-Brühe zugeben und alles zum Kochen bringen. Trockenpilze mit dem Einweichwasser, Champignons, Reis und Koriander zugeben und gut 15 Minuten leise köcheln lassen. Klößchen zugeben, kurz erhitzen, Suppe abschmekken und servieren.

Dazu pro Person 1 Scheibe Knäckebrot oder 2 kleine Scheiben frisches Stangenbrot.

Pro Portion 261 Kalorien / 1095 Joule

2 ZWISCHENMAHLZEITEN (pro Person)

1 kleiner Apfel = 55 Kalorien / 230 Joule
1 Becher fettarmer Joghurt mit 1 TL kalorienarmer
Konfitüre = 73 Kalorien / 305 Joule

---

5. TAG

MITTAGESSEN

Reis mit gefüllten Fischröllchen

Zutaten für 2 Personen:
100 g parboiled Reis

1 Möhre (50 g)
10 g Butter

Für die Fischröllchen:
300 g Rotbarschfilet
Salz
Zitronensaft
2 Schalotten, ersatzweise
Frühlingszwiebeln
100 g Egerlinge oder
Champignons

weißer Pfeffer aus der
Mühle
1 EL gehackte Petersilie
2 EL trockener Weißwein
2 EL milde Fleischbrühe
(Instant)
2 EL süße Sahne

Den Reis in der doppelten Menge Wasser garen. Den
Fisch schon vom Händler in sehr dünne Scheiben
schneiden lassen. Entgräten, schwach salzen und mit
etwas Zitronensaft beträufeln. Die geschälten Schalot-

ten würfeln oder von den Frühlingszwiebeln das Grün abschneiden und die Zwiebeln mit dem Stielansatz in sehr dünne Scheibchen schneiden. Die geputzten Champignons und die geschabte Möhre ebenfalls fein würfeln. Alles in 5 g Butter unter Rühren 3 Minuten andünsten. Petersilie zufügen, mit Salz, Zitronensaft und Pfeffer würzen. Die Fischfilets auf einer Arbeitsplatte ausbreiten und mit der Champignonmischung bestreichen, aufrollen und mit Zahnstocher feststecken. Restliche Butter in einer Pfanne mit Deckel erhitzen und die Fischrollen darin anbraten. Wein und Fleischbrühe angießen. Den Fisch zugedeckt bei milder Hitze etwa 10 Minuten dünsten. Reis auf eine Platte geben und die Fischröllchen darauf anrichten. Den Fond mit der Sahne verrühren, einmal aufkochen lassen, mit Salz und Pfeffer abschmecken und getrennt zum Fisch reichen.

Pro Portion 419 Kalorien / 1754 Joule

ABENDESSEN

Herzhafter Reisauflauf

Zutaten für 2 Personen:

80 g parboiled Vollkornreis
Salz
200 g Lauch, geputzt gewogen
etwas Gemüsebrühe (Instant)
5 g Butter für die Form
½ TL getrockneter Oregano
80 g Tatar
1 kleine Dose geschälte Tomaten (Einwaage 400 g)

1 EL Tomatenmark
1 Prise Cayennepfeffer
1 Spritzer flüssiger Süßstoff
1 Ei
5 EL Milch
1 gehäufter EL geriebener Emmentaler
½ Bund Schnittlauch

Reis in der doppelten Menge leicht gesalzenem Wasser gut 15 Minuten vorgaren. Lauch putzen, waschen, die harten Blätter nicht mitverwenden. Die Stangen in feine Ringe schneiden und in 4—5 EL Brühe dünsten. Das Gemüse mit Oregano unter den fertigen Reis mischen und die Hälfte davon in die gebutterte Auflaufform füllen. Tatar mit dem abgetropften, gehackten Tomaten und dem Tomatenmark vermischen, mit Cayennepfeffer und etwas Süßstoff würzen, über den Lauch-Reis geben. Restlichen Reis darüber füllen und glattstreichen. 4 EL von dem Tomatensaft mit Milch und Ei verquirlen und über den Auflauf gießen. Zuletzt mit dem geriebenen Käse bestreuen und ca.

35 Minuten bei 200 Grad im vorgeheizten Ofen backen. Vor dem Servieren mit Schnittlauchröllchen bestreuen.

Pro Portion 482 Kalorien / 2018 Joule

2 ZWISCHENMAHLZEITEN (pro Person)

1 Möhre = 35 Kalorien / 146 Joule
1 Knäckebrot mit 1 TL Tomatenmark und Schnittlauch
= 41 Kalorien / 172 Joule

---

6. TAG

MITTAGESSEN

Reiseintopf mit Pilzen und Blumenkohl

Zutaten für 2 Personen:

100 g parboiled Vollkorn-
reis
¼ l Fleischbrühe
1 Briefchen gemahlener
Safran (0,1 g)
200 g Blumenkohl-
röschen
Salz

300 g frische
Champignons
1 TL Olivenöl
1 EL Zitronensaft
70 g gekochter Schinken
1 Prise Cayennepfeffer
1 EL gehackte Petersilie

Reis in der Fleischbrühe zum Kochen bringen. Den Safran mit 1—2 EL warmem Wasser auflösen und unter den Reis mischen. Diesen bei milder Hitze in 20 Minuten ausquellen lassen. Blumenkohlröschen putzen. In reichlich gesalzenem Wasser in 10—12 Minuten bißfest kochen, abgießen, kalt abschrecken und abtropfen lassen.

Die Champignons putzen, kurz abbrausen und abtropfen lassen, in sehr dünne Scheibchen schneiden und bis auf eine Handvoll in einer großen beschichteten Pfanne mit dem Olivenöl leicht anbraten. Mit Zitronensaft beträufeln (die frischen ebenso) und salzen. Den Schinken in dünne Streifen schneiden. Reis, Blumenkohl, Schinkenstreifen und rohe Champignons zu den Champignons in die Pfanne geben und alles vermischen. Mit Salz und Cayennepfeffer abschmecken und mit der gehackten Petersilie bestreut servieren.

Pro Portion 347 Kalorien / 1453 Joule

ABENDESSEN

Milchreis mit Bratapfel

Zutaten für 2 Personen:

2 TL Rosinen
2 Äpfel, Cox Orange
oder Boskop (je ca.
150 g)
1 Msp Aniskörner
2 TL gehackte Mandeln

1 TL Honig
100 g parboiled Lang-
kornreis
flüssiger Süßstoff
Zimt
1 EL Crème fraîche

Rosinen in wenig Wasser einweichen. Äpfel waschen und mit dem Apfelausstecher Kerngehäuse entfernen. Äpfel auf ein Blech oder in eine ofenfeste Form setzen. In jede Öffnung eingeweichte und abgetropfte Rosinen, 1 Prise Aniskörner, 1 TL gehackte Mandeln und ½ TL Honig füllen und die Äpfel im vorgeheizten Ofen bei 220 Grad 15—20 Minuten braten.
In der Zwischenzeit Reis in der doppelten Menge Wasser kochen. Danach mit Süßstoff und Zimt würzen, zuletzt die Crème fraîche untermischen. Auf 2 Teller jeweils eine Portion Reis geben, in jede Mitte eine Vertiefung drücken und je 1 Apfel hineinsetzen.
Pro Portion 380 Kalorien / 1591 Joule

2 ZWISCHENMAHLZEITEN (pro Person)

1 Bund Radieschen = 16 Kalorien / 67 Joule
1 Zwieback mit 1 TL Honig = 70 Kalorien / 293 Joule

MITTAGESSEN

Lammfilet mit Lorbeer-Reis

Zutaten für 2 Personen:

Knapp ¼ l Fleischbrühe (Instant)
4 Lorbeerblätter
1 Gewürznelke
100 g parboiled Lang-kornreis
200 g Lammfilet ohne Fett und Sehnen
¼ Mozzarella-Kugel (37 g)
schwarzer Pfeffer aus der Mühle
1 TL Olivenöl zum Braten
2 Fleischtomaten (150 g)
10 g Kräuterbutter (Fertigprodukt)
½ Knoblauchzehe

Die Fleischbrühe mit 2 Lorbeerblättern und der Ge-würznelke zum Kochen bringen, Reis zugeben und bei sanfter Hitze in 15 Minuten ausquellen lassen.
Die Lammfilets längs aufschneiden, pfeffern, salzen und mit Mozzarella-Scheiben und 2 Lorbeerblättern füllen. Mit Hölzchen zustecken. Öl in einer beschich-teten Pfanne erhitzen und das Fleisch von jeder Seite 5 Minuten braten. In Alufolie wickeln und warm hal-ten, bis alles übrige fertig ist. Tomaten waschen, einen Deckel abschneiden, das Innere etwas auslösen, mit der gepreßten Knoblauchzehe und einem Messer-stich Kräuterbutter belegen und 5 Minuten unter den Grill stellen. Das Fleisch mit Lorbeerreis und Grilltoma-ten servieren.

Pro Portion 415 Kalorien / 1737 Joule

ABENDESSEN

Erbsenrisotto

Zutaten für 2 Personen:

125 g parboiled Lang-
kornreis
Salz
200 g TK-Erbsen
2 EL gehacktes frisches
oder 1 TL getrocknetes
Basilikum

8 EL trockener Weißwein
schwarzer Pfeffer aus der
Mühle
2 EL geriebener
Parmesan

Reis in ¼ l leicht gesalzenem Wasser garen. In der Zwischenzeit Erbsen mit dem Wein in einem kleinen Topf zum Kochen bringen, in 5 Minuten garen, dann mit Basilikum, Salz und Pfeffer herzhaft abschmecken. Den fertigen Reis mit den Erbsen mischen. 1 EL Parmesan unter den Erbsenrisotto heben, den zweiten darüberstreuen.

Dazu gibt es pro Person 1 mittelgroße Tomate, in Scheiben geschnitten und mit Salz und Pfeffer gewürzt.

Pro Person 406 Kalorien / 1700 Joule

2 ZWISCHENMAHLZEITEN (pro Person)

1 Vollkornzwieback mit 1 TL kalorienarmer Konfitüre =
53 Kalorien / 222 Joule
100 g Gurkenscheiben mit 1 EL körnigem Frischkäse =
76 Kalorien / 318 Joule

MITTAGESSEN

Reis-Chicorée mit Käsekruste

Zutaten für 2 Personen:

1 Portionsbeutel	1 EL gehackte Petersilie
parboiled Langkornreis	1 EL geriebener
(oder 60 g loser Reis)	Emmentaler Käse
5 g Butter	1 Eigelb
1 knapper TL Mehl	Salz
$\frac{1}{8}$ l Milch, fettarm	weißer Pfeffer aus der
2 EL trockener Weißwein	Mühle
2 große Chicorée (je ca.	1 Prise geriebene
200 g)	Muskatnuß
5 g Butter	
50 g roher Schinken	
ohne Fett	

1 Liter Wasser zum Kochen bringen, den Kochbeutel hineingeben und 15—18 Minuten sanft kochen lassen. Dann herausnehmen, abtropfen lassen (losen Reis in der doppelten Menge Wasser 15 Minuten ausquellen lassen).

In der Zwischenzeit Butter in einem kleinen Topf erhitzen, Mehl darin hell anschwitzen, mit Milch und Wein unter Rühren ablöschen und 10 Minuten leise kochen lassen. Chicorée putzen, halbieren, den harten und bitteren Innenkern und einige Innenblätter herausschneiden. Chicorée waschen, Salzwasser zum

Kochen bringen, Chicorée darin 1 Minute blanchie-
ren, herausnehmen, unter kaltem Wasser abschrecken
und abtropfen lassen. Chicorée nebeneinander in
eine ausgebutterte Form legen. Schinken würfeln, mit
dem Reis und der gehackten Petersilie vermischen
und in die Chicorée füllen. Die Sauce mit Käse und
Eigelb verrühren, mit Salz, Pfeffer und Muskat abschmecken und über dem Chicorée verteilen. Backofen auf 200 Grad vorheizen und das Gemüse etwa
15 Minuten überbacken.

Pro Portion 437 Kalorien / 1829 Joule

ABENDESSEN

Reis mit Huhn auf chinesische Art

Zutaten für 2 Personen:

100 g Hähnchenbrustfilet	*100 g parboiled Lang-*
1 EL Sojasauce	*kornreis*
2 EL Sherry	*Salz*
1 TL Speisestärke	*1 TL Öl*
1 Msp gemahlener	*100 g rote Paprikaschoten*
Ingwer	*100 g Lauch*
1 kleine Knoblauchzehe	

Hähnchenbrustfilet fein schnetzeln. Sojasauce mit
Sherry und Speisestärke verrühren, mit Ingwer und
durchgepreßter Knoblauchzehe würzen. Das Hähnchenfleisch etwa 30 Minuten in dieser Sauce marinieren. Den Reis 10 Minuten in knapp $\frac{1}{4}$ l leicht gesalze-

nem Wasser vorgaren, ausdampfen lassen. Öl in eine beschichtete Pfanne geben, Paprika und Lauch putzen, in Streifchen schneiden und mit dem Reis in der heißen Pfanne 5 Minuten unter Wenden durchdünsten. Aus der Pfanne nehmen und beiseite stellen. Hähnchenfleisch abtropfen lassen — Marinade aufheben. Das Fleisch in der sehr heißen Pfanne unter Rühren 1 Minute braten, Marinade zugießen und aufkochen. Abschmecken, über den Gemüse-Reis geben und servieren.

Pro Portion 312 Kalorien / 1306 Joule

2 ZWISCHENMAHLZEITEN (pro Person)

1 Bund Radieschen = 16 Kalorien / 67 Joule
1 Knäckebrot mit Tomatenscheiben und Schnittlauch = 56 Kalorien / 234 Joule

MITTAGESSEN

Estragon-Kabeljau auf Reis

Zutaten für 2 Personen:

80 g parboiled Vollkorn-
reis
1 Msp Butter (5 g)
2 Scheiben Kabeljau
(je 150 g)
2 feingehackte Schalotten
2 EL Weißwein
1 Zweig frischer oder
1 EL getrockneter
Estragon
knapp ⅛ l Wasser
Salz
frischgemahlener weißer
Pfeffer

Für die Sauce:
50 g frische
Champignons
½ EL Zitronensaft
1 Eigelb
50 g saure Sahne
(10 % Fett)
10 g Butter
Salz
weißer Pfeffer aus der
Mühle
1 EL feingehackter
frischer oder 1 TL
getrockneter Estragon

Reis in der leicht gesalzenen doppelten Menge Wasser bei milder Hitze 20 Minuten garen, kurz ausdampfen lassen und die Butter unterziehen. Warm stellen.
Schalotten mit Weißwein und dem Estragon in einem
breiten Topf oder in einer Edelstahlpfanne mit Deckel
zum Kochen bringen. Die gewaschenen Fischfilets
hineinlegen, Deckel aufsetzen und bei milder Hitze
den Fisch ca. 5—8 Minuten, je nach Dicke der Filets,
garen. Fisch herausnehmen und warm stellen. Champignons putzen, in Stücke schneiden und mit dem Zi-

tronensaft im Mixer pürieren. Den Fischsud durch ein feines Sieb passieren. Flüssigkeit in eine kleine Kasserolle geben und im offenen Topf bei starker Hitze bis auf 2 EL einkochen lassen. Eigelb und die saure Sahne miteinander verrühren, den noch warmen Sud unterrühren. Die Sauce wieder in den Topf geben und unter ständigem Rühren langsam erhitzen — sie darf aber nicht kochen, sonst gerinnt sie. Topf von der Platte nehmen und die pürierten Champignons und die Butter unterrühren, mit Salz, Pfeffer und Estragon abschmecken.

Auf eine Reisportion je ein Fischfilet legen und mit Sauce überziehen.

Pro Portion 409 Kalorien / 1712 Joule

ABENDESSEN

Reissalat mit Schinken

Zutaten für 2 Personen:

100 g parboiled Vollwertreis	*1 säuerlicher Apfel (150 g)*
Salz	*1 EL Salatmayonnaise (20 % Fett)*
50 g Katenschinken ohne Fettrand in dünnen Scheiben	*1 EL kalorienarmer Joghurt*
1 EL gehackter Dill	*1 Fl. Tomatenketchup*
1 Fleischtomate (125 g)	*1 Spritzer Worcestersauce*
1 kleine Paprikaschote (80 g)	*Salz*
	Pfeffer

Reis in knapp $\frac{1}{4}$ l leicht gesalzenem Wasser garen. Ausdampfen und abkühlen lassen. Mit zwei Gabeln den Reis auflockern. Schinken in dünne Streifchen schneiden. Reis, Schinken und gehackten Dill in eine Schüssel schichten. Tomaten achteln, Paprika putzen und in Streifen schneiden und in die Schüssel geben. Apfel waschen, trockenreiben, halbieren und Kerngehäuse entfernen, achteln und in Stückchen schneiden. Zu den übrigen Salatzutaten schichten. Aus Mayonnaise, Joghurt, Ketchup und der Worcestersauce, etwas Salz und frisch gemahlenem Pfeffer eine pikante Marinade rühren, über den Salat gießen. Vorsichtig unterheben und 10 Minuten durchziehen lassen.

Pro Portion 430 Kalorien / 1800 Joule

2 ZWISCHENMAHLZEITEN (pro Person)

1 kleine Orange = 54 Kalorien / 226 Joule
1 Knäckebrot und 1 TL körniger Frischkäse = 49 Kalorien / 205 Joule

MITTAGESSEN

Sojabohnenkeime-Salat mit Currylinsen

Zutaten für 2 Personen:

50 g Linsen	2 EL süße Sahne
50 g parboiled Vollkorn-reis	100 g Kaßler-Aufschnitt ohne Fett
Salz	1 Birne (175 g)
1 kleine Zwiebel	½ Glas gegarte
1 TL Sonnenblumenöl	Sojabohnenkeime
1 EL Currypulver	(ca. 120 g)
2 EL Weißweinessig	1 EL Schnittlauchröllchen

Die Linsen etwa 3—4 Stunden vor Zubereitung der Mahlzeit in frischen kaltem Wasser einweichen, danach abgießen und mit reichlich ungesalzenem Wasser etwa 30 Minuten kochen. Auf ein Sieb schütten, abschrecken und abtropfen lassen. Reis in viel kochendes gesalzenes Wasser einstreuen und 20 Minuten kochen, dann ebenfalls kurz unter fließendem Wasser abschrecken und abtropfen lassen. Zwiebel fein würfeln und in dem Öl glasig dünsten. Curry dazugeben und Essig und Sahne mit einrühren. Diese Currysauce wenig salzen und dann vorsichtig unter Reis und Linsen mischen. Kaßler in feine Streifen schneiden, zugeben. Birne schälen, achteln, Kernhaus herausschneiden, würfeln und ebenfalls zum Salat geben. Bohnenkeime in ein Sieb gießen, kurz abspülen und abtropfen lassen, untermischen, alles nochmals abschmecken und vor dem Servieren mit Schnittlauch bestreuen.

Pro Portion 476 Kalorien / 1992 Joule

ABENDESSEN

Schinken-Reis mit Kräutersauce

Zutaten für 2 Personen:

4 Frühlingszwiebeln mit Grün (100 g)
1 TL Butter
100 g parboiled Langkornreis
Salz
weißer Pfeffer aus der Mühle
4 EL trockener Weißwein
75 g Frischkäse, kalorienarm (20 % Fett)

je 1 EL gehackte Petersilie, gehackten Dill und Schnittlauchröllchen
6 EL Milch, fettarm
1 Prise Muskat
Pfeffer
Salz
100 g gekochter Schinken ohne Fett

Die Zwiebeln waschen, nur das helle Grün mitverwenden. Alles in dünne Scheibchen schneiden, in der Butter andünsten. Dann den Reis zugeben, pfeffern und salzen. Wein und knapp $\frac{1}{4}$ l Wasser angießen und sanft köchelnd in 15 Minuten ausquellen lassen. In der Zwischenzeit in einem kleinen Topf die Milch erhitzen, den Käse unter Rühren darin auflösen. Mit Muskat, Pfeffer aus der Mühle und eventuell noch mit Salz würzen. Die gehackten Kräuter unterrühren. Schinken in sehr feine Würfel schneiden und unter den fertigen Reis mischen. Dazu die Käsesauce servieren.

Erlaubt ist dazu noch: Kopfsalat, nur mit Zitronensaft angemacht.

Pro Portion 405 Kalorien / 1695 Joule

2 ZWISCHENMAHLZEITEN (pro Person)

1 kleines Glas Tomatensaft = 40 Kalorien / 167 Joule
1 fettarmer Fruchtjoghurt, mit Süßstoff gesüßt = 73 Kalorien / 306 Joule

---

11. TAG

MITTAGESSEN

Reis-Lammpfanne mit Apfel

Zutaten für 2 Personen:
1 TL Öl   Salz
125 g mageres Lammfilet   frisch gemahlener Pfeffer
1 kleine Zwiebel (50 g)   ½ TL Majoran
½ grüne Paprikaschote   1 kleiner Apfel (100 g)
100 g parboiled Lang-   150 g Tiefkühl-Erbsen
kornreis
¼ l Gemüsebrühe
(Reformhaus)

Öl in einer beschichteten Pfanne erhitzen. Lammfleisch in mittelgroße Würfel schneiden, Paprika und

Zwiebel putzen und klein würfeln, alles in die Pfanne geben und kurz anbraten. Reis zufügen und unter Rühren glasig werden lassen. Die Brühe angießen, pfeffern und mit dem Majoran würzen. Pfanne zudecken und alles auf kleiner Flamme 10 Minuten dünsten. In der Zwischenzeit den Apfel schälen und würfeln, mit den Tiefkühlerbsen unter den Reis heben. Alles weitere 5—8 Minuten zugedeckt bei milder Hitze ausquellen lassen und dann abschmecken.

Pro Portion 402 Kalorien / 1683 Joule

ABENDESSEN

Käse-Hamburger auf Petersilienreis

Zutaten für 2 Personen:

200 g Tatar
Pfeffer
Salz
½ TL Paprika, edelsüß
½ TL Kräuter der Provence
1 kleine Schalotte
1 Eigelb
1 TL Öl
1 Scheibe kalorienreduzierter Edamer Käse (10 % Fett)

80 g parboiled Langkornreis
Salz
1 Bund glatte Petersilie
1 TL geriebener Parmesankäse
1 Tomate
50 g Gurke

Tatar mit Pfeffer, Salz, Paprika und den im Mörser zerriebenen Provence-Kräutern, der feingehackten Schalotte und dem Eigelb gut verkneten. Daraus zwei flache Frikadellen formen. Eine beschichtete Pfanne mit dem Öl einpinseln und die Frikadellen von beiden Seiten scharf darin braten. Zuletzt auf jede eine halbe Käsescheibe legen. Deckel auf die Pfanne setzen und bei ausgeschalteter Hitze den Käse schmelzen lassen.

Reis in die doppelten Menge gesalzenes Wasser einstreuen und bei milder Hitze ausquellen lassen. Petersilie sehr fein hacken und mit dem Parmesankäse unter den fertigen Reis mischen. Zu den Käse-Hamburgern servieren. Mit Tomaten- und Gurkenscheiben garnieren.

Pro Portion 256 Kalorien / 1072 Joule

2 ZWISCHENMAHLZEITEN (pro Person)

1 kleiner Apfel = 55 Kalorien / 230 Joule
1 Knäckebrot mit 1 TL Pflaumenmus, mit Süßstoff gesüßt = 41 Kalorien / 172 Joule

MITTAGESSEN

Reis-Fisch-Salat

Zutaten für 2 Personen:

100 g parboiled Lang-
kornreis
Salz
½ TL Curry
200 g festes Fischfilet,
z. B. Rotbarsch
2 Lorbeerblätter
1 TL Fenchel- oder Anis-
körner
1 kleine Zwiebel
½ Zitrone

2 EL leichte Salat-
mayonnaise (20 % Fett)
1 EL kleine Kapern
1 TL Dijon-Senf
Salz
frisch gemahlener Pfeffer
2 Fleischtomaten (200 g)
10 grüne Oliven mit
Paprika gefüllt
1 kleiner Kopfsalat

Reis in der doppelten Menge leicht gesalzenem Wasser kochen und ausquellen lassen, Curry untermischen und den Reis zum Auskühlen beiseite stellen.
Fischfilet kurz abspülen, mit Küchenkrepp trockentupfen und den Fisch in große Würfel schneiden. Lorbeerblätter mit Fenchel- bzw. Aniskörnern, der geschälten und halbierten Zwiebel und dem Saft der Zitrone mit etwa 1 Tasse Wasser zum Kochen bringen.
Fisch hineingeben und 15 Minuten sanft kochen lassen, dann im Sud erkalten lassen. Mayonnaise mit den
Kapern und etwas von der Kapernflüssigkeit, Senf und
nach Geschmack Pfeffer glattrühren und abschmek-

ken. Tomaten achteln, Stielansätze herausschneiden, Oliven halbieren. Salat waschen und die Blätter grob zerrupfen. Reis mit der Salatsauce, dem abgetropften Fisch und den übrigen Zutaten — außer den Salatblättern vermischen und auf einem Bett aus Salat hübsch anrichten.

Pro Portion 442 Kalorien / 1850 Joule

ABENDESSEN

Milchreis mit brauner Butter und Backpflaumen

Zutaten für 2 Personen:

4 *Backpflaumen*	$\frac{1}{8}$ *l fettarme Milch*
125 g *Milchreis*	*flüssiger Süßstoff*
1 Stück *Zimtstange*	20 g *Butter*
1 *Zitrone (unbehandelt)*	*gemahlener Zimt*

Backpflaumen einige Stunden vor Zubereitung der Mahlzeit in einer Tasse Wasser einweichen. In dem Einweichwasser mit einem Stück Zimtstange etwa 20 Minuten garen.

Zur gleichen Zeit Milchreis in $\frac{1}{4}$ l kochendes Wasser mit einem Stück Zitronenschale einrieseln lassen und unter mehrmaligem Umrühren etwa 20 Minuten sanft kochen und ausquellen lassen. Dann die Milch mit Süßstoff nach Geschmack verrühren und gut unter den Reis mischen. Butter in einem Butterpfännchen erhitzen und braun werden lassen. Reis auf Portionstellern verteilen, in die Mitte eine Vertiefung drücken, etwas Zimt über den Reis streuen und in jede Vertiefung die Hälfte der Butter gießen. Pflaumen mit der Kochflüssigkeit zum Reis servieren.

Pro Portion 353 Kalorien / 1478 Joule

2 ZWISCHENMAHLZEITEN (pro Person)

200 g Gurkenscheiben mit 1 EL körnigem Frischkäse = 45 Kalorien / 188 Joule
1 kleines Glas Tomatensaft (0,2 l) = 40 Kalorien / 167 Joule

13. TAG

MITTAGESSEN

Wurst-Gulasch mit Reis und Sauerrahm

Zutaten für 2 Personen:
2 kalorienarme Wiener Würstchen (je 50 g, z. B. Du darfst)
1 kleine Zwiebel
1 Knoblauchzehe
je 1 rote und grüne Paprikaschote (je 150 g)
1 TL Öl
je 1 TL Paprikapulver, edelsüß und scharf

1 TL getrockneter Majoran
⅛ l Gemüsebrühe (Instant, Reformhaus)
125 g parboiled Langkornreis
Salz
2 EL saure Sahne

Die Würstchen in Scheiben schneiden, die Zwiebel schälen und würfeln. Knoblauch schälen und in kleine Stückchen hacken. Paprikaschoten putzen, waschen, vierteln und in Streifchen schneiden. In dem Öl die Wurstscheibchen kräftig anbraten, Zwiebel, Knoblauch und Paprikastreifchen zugeben und alles zusammen andünsten. Paprikapulver und Majoran unterrühren, Gemüsebrühe zugießen und alles bei geschlossenem Topf 15 Minuten schmoren. Reis in knapp $\frac{1}{4}$ l kochendes, leicht gesalzenes Wasser einrieseln lassen und auf kleiner Flamme garen. Reis getrennt mit dem Gulasch servieren. Bei Tisch gibt jeder auf seine Portion 1 EL saure Sahne.

Pro Portion 401 Kalorien / 1679 Joule

ABENDESSEN

Türkische Reis-Frikadellen, genannt »Frauenschenkel«

Zutaten für 2 Personen:

100 g parboiled Langkornreis	1 Bund glatte Petersilie
	1 Eigelb
1 Zwiebel	2 TL Mehl
2 TL Olivenöl	1 Ei
100 g Tatar	
Salz	Für den Salat:
Pfeffer	1 Kopfsalat
1 Msp Pimentpulver	1 Bund Schnittlauch
1 Prise Kreuzkümmel	Zitronensaft

Reis in der doppelten Menge Wasser in 15—18 Minuten garen. Währenddessen Zwiebel schälen und sehr fein hacken oder reiben. In einer beschichteten Pfanne 1 TL Olivenöl erhitzen, darin die Zwiebel glasig werden lassen. Die Hälfte des Tatars in die Pfanne zu der Zwiebel geben, Fleisch mit dem Kochlöffel auseinanderbröseln und so lange mitbraten, bis der Fleischsaft eingeschmort ist. Alles in eine Schüssel geben, kurz auskühlen lassen. Reis mit dem restlichen rohen Tatar, Salz, Pfeffer, Piment, Kreuzkümmel, der gehackten Petersilie und dem Eigelb dazugeben und alles gut verkneten. Aus diesem Teig 6 ovale Frikadellen formen. Mehl auf einen Teller geben. Das Ei in einem tiefen Teller verschlagen. Jetzt die Frikadellen zuerst in Mehl, dann in Ei wälzen. Restliches Öl in der Pfanne erhitzen und darin die »Frauenschenkel« von beiden Seiten je 5 Minuten braten.

Für den Salat Salatblätter waschen, trocken schleudern, auseinanderzupfen und mit Schnittlauchröllchen und reichlich Zitronensaft vermengen. Zu den Frikadellen reichen.

Pro Portion 405 Kalorien / 1695 Joule

2 ZWISCHENMAHLZEITEN (pro Person)

1 Magermilch-Joghurt mit 1 TL Diät-Pflaumenmus = 74 Kalorien / 310 Joule
1 Kiwi = 45 Kalorien / 188 Joule

14. TAG

MITTAGESSEN

Reis mit Huhn und Ananas

Zutaten für 2 Personen:

80 g parboiled Vollkorn-	*Salz*
reis	*Pfeffer*
2 Hähnchenkeulen	*1 TL Curry*
(je 100 g)	*1 TL Zitronensaft*
5 g Butter	*2 EL Schnittlauchröllchen*
4 Scheiben Ananas aus	
der Dose	

Reis in der doppelten Menge Wasser in 20 Minuten garen. In der Zwischenzeit Hähnchenkeulen ohne Haut mit der Butter von allen Seiten in etwa 15—20 Minuten gar braten, zum Abkühlen aus der Pfanne nehmen. Das Fleisch von den Knochen lösen und würfeln. Ananasscheiben in Stückchen schneiden, mit dem Hähnchenfleisch zurück in die Pfanne geben, Reis unterheben, alles unter Wenden erneut erhitzen und herzhaft mit Salz, Pfeffer, Curry und Zitronensaft abschmecken. Kurz vor dem Servieren über jede Portion Schnittlauch streuen.

Pro Portion 359 Kalorien / 1503 Joule

ABENDESSEN

Reisauflauf mit Würstchen

Zutaten für 2 Personen:

100 g parboiled Lang-kornreis	1 Ei
	⅛ l fettarme Milch
Salz	Muskat
2 kalorienarme	Pfeffer
Würstchen (je 50 g,	½ TL Thymian
z. B. Du darfst)	1 Bund Schnittlauch
2 mittelgroße Tomaten	2 EL geriebener
(ca. 200 g)	Parmesan

Den Reis in der doppelten Menge Wasser 15 Minuten sanft garen und ausquellen lassen. Würstchen in dünne Scheibchen schneiden, die Tomaten achteln — dabei die Stielansätze entfernen. Würstchen und Tomaten mit dem Reis vermischen, alles in eine Auflaufform füllen. Ei mit der Milch, den Gewürzen und dem kleingeschnittenen Schnittlauch verquirlen und über den Auflauf gießen. Mit dem geriebenen Käse bestreuen und im vorgeheizten Backofen bei 225 Grad 25 Minuten backen.

Pro Portion 420 Kalorien / 1758 Joule

2 ZWISCHENMAHLZEITEN (pro Person)

1 kleine Birne = 55 Kalorien / 230 Joule
1 Knäckebrot mit 1 TL Magerquark und Schnittlauch = 64 Kalorien / 268 Joule

MITTAGESSEN

Fischsuppe mit Reis

Zutaten für 2 Personen:

1 dicke Gemüsezwiebel (150 g)
10 g Butter
1 kleine Dose geschälte Tomaten (400 g Einwaage)
⅛ l Gemüsebrühe (Instant, Reformhaus)
⅛ l trockener Weißwein

1 TL edelsüßer Paprika
Salz
Pfeffer
1 Prise Piment
50 g parboiled Langkornreis
150 g Rotbarschfilet
2 EL süße Sahne
2 EL gehackter Dill

Zwiebel schälen, vierteln und in Streifchen schneiden. Butter in einem Topf erhitzen und die Zwiebeln darin anschmoren. Tomaten mit Saft zugießen und mit einem Löffel zerkleinern. Gemüsebrühe und Wein dazu geben und alles 5 Minuten kochen lassen. Mit Paprika, Salz, Pfeffer, Piment und Thymian herzhaft abschmecken. Reis einrieseln lassen und weitere 10 Minuten kochen. Fischfilet waschen, in große Würfel schneiden, in die Suppe geben und in 8 Minuten darin gar ziehen lassen. Sahne leicht schaumig schlagen und mit dem Dill in die Suppe rühren.

Pro Portion 379 Kalorien / 1586 Joule

ABENDESSEN

Gurkenreis mit kalter Putenbrust

Zutaten für 2 Personen:

125 g parboiled Vollkorn- Salz
reis   1 Bund Dill
½ Salatgurke   150 g geräucherter
(ca. 300 g)   Putenbrustaufschnitt
Pfeffer

Den Reis in der doppelten Menge Wasser in 15 Minuten garen. In der Zwischenzeit die Salatgurke schälen, der Länge nach halbieren und die Kerne herauskratzen. In dicke Scheiben schneiden und knapp mit Wasser bedeckt 5 Minuten kochen lassen. Gurke abgießen, mit dem Reis, Pfeffer, Salz und viel gehacktem Dill vermischen.
Dazu die kalten Putenbrust-Scheiben servieren.
Pro Portion 340 Kalorien / 1423 Joule

2 ZWISCHENMAHLZEITEN (pro Person)

⅛ l fettarme Milch mit 2 EL Rice Krispies = 100 Kalorien / 419 Joule
½ Grapefruit = 38 Kalorien / 159 Joule

MITTAGESSEN

Hähnchen mit Paprika-Mais-Reis

Zutaten für 2 Personen:

100 g parboiled Lang-
kornreis
¼ l Hühnerbrühe
(Instant)
1 Paprikaschote (150 g)
1 kleine Zwiebel
½ Dose Maiskörner
(ca. 140 g)
1 EL gehackte Petersilie

2 Hähnchenkeulen
(je 150 g)
5 g Butter
1 TL Zitronensaft
Salz
Pfeffer
½ TL edelsüßes
Paprikapulver

Reis in der Hühnerbrühe ca. 15—18 Minuten garen. Paprikaschote putzen, vierteln und in feine Streifen schneiden, Zwiebel schälen, vierteln und ebenfalls in dünne Streifen schneiden. Beides unter den Reis mischen und die letzten 10 Minuten mitgaren lassen. Danach auch die Petersilie unter den fertigen Reis heben. Während der Reis kocht, Hähnchenkeulen waschen, mit Küchenkrepp trockentupfen, weiche Butter mit Zitronensaft und den Gewürzen vermischen und die Hähnchenkeulen damit bestreichen. Diese entweder unter dem Grill 10 Minuten von jeder Seite garen oder in einer beschichteten Pfanne von allen Seiten schön knusprig braten. Die Hähnchenkeulen auf dem fertigen Reis anrichten und servieren.

Pro Portion 449 Kalorien / 1880 Joule

ABENDESSEN

Champignonpfanne mit Reis

Zutaten für 2 Personen:

125 g parboiled Vollkorn-reis
¼ l Gemüsebrühe
(Instant, Reformhaus)
10 g Butter
50 g Roastbeef-Aufschnitt
1 Zwiebel

1 Knoblauchzehe
Pfeffer
Thymian
1 EL Sojasauce
125 g frische
Champignons

Reis in der Gemüsebrühe in 20 Minuten garen. In einer beschichteten Pfanne die Butter zerlassen. Roastbeef in Streifen schneiden und darin anbraten. Zwiebel und Knoblauch schälen und hacken, in die Pfanne geben und unter Wenden mit anbraten. Den fertigen Reis unterrühren und alles eine weitere Minute braten. Mit Pfeffer, Thymian und Sojasauce herzhaft abschmecken. Zuletzt die gewaschenen und in Scheibchen geschnittenen Champignons unter den heißen Reis mischen, noch einmal kurz ziehen lassen (sie sollen nicht ganz gar sein, dann schmecken sie noch aromatischer). Anschließend servieren.

Pro Portion 375 Kalorien / 1570 Joule

2 ZWISCHENMAHLZEITEN (pro Person)

½ Grapefruit mit 1 TL Erdbeer-Diät-Konfitüre = 51 Kalorien / 214 Joule
1 Magermilchjoghurt (150 g) mit 100 g geraspelter

Gurke, 1 Msp Dill und 1 Prise Knoblauchsalz vermischt
= 70 Kalorien / 293 Joule

---

17. TAG

MITTAGESSEN

Rotbarsch mit Sahnereis

Zutaten für 2 Personen:

1 kleine Zwiebel	Salz
2 Nelken	2 Scheiben Rotbarschfilet
2 Lorbeerblätter	(je 150 g)
einige Pfefferkörner	50 g parboiled Lang-
1 TL getrockneter	kornreis
Estragon	4 EL süße Sahne
½ Zitrone (unbehandelt)	2 EL gehackter Dill
3 EL trockener Weißwein	

Geschälte und geviertelte Zwiebel, Nelken, Lorbeerblätter, Pfefferkörner, Estragon und die in Scheiben
geschnittene Zitrone mit Weißwein und ½ l Wasser
aufkochen, leicht salzen. Die Rotbarschfilets in dem
Sud vorsichtig etwa 8—10 Minuten, je nach Stärke, sie-
den lassen. In der Zwischenzeit den Reis in reichlich
kochendes, leicht gesalzenes Wasser streuen und
15 Minuten kochen, abgießen und ausdampfen lassen. Die Sahne steif schlagen und mit dem Dill unter
den abgekühlten Reis mischen. Fisch vorsichtig aus

dem Sud heben, kurz abtropfen lassen und zu dem Reis servieren.

Pro Portion 379 Kalorien / 1586 Joule

ABENDESSEN

Kokosreis mit Mangostückchen

Zutaten für 2 Personen:

100 g parboiled Lang-
kornreis
1 kleine Orange (150 g)

flüssiger Süßstoff
2 TL Kokosraspeln
1 Mango (200 g)

Reis in knapp ¼ l Wasser 15 Minuten garen, etwas abkühlen lassen und ausgepreßten Orangensaft und Süßstoff nach Geschmack unterrühren. Zum Nachquellen zugedeckt beiseite stellen. In der Zwischenzeit die Kokosraspeln ohne Fett in der trockenen Pfanne unter Rühren anrösten. Kurz vor dem Servieren unter den Reis mischen. Mango schälen, halbieren, Kern herauslösen und die Frucht in kleine Stücke schneiden. Die Hälfte davon unter den Reis mischen, mit der anderen Hälfte die beiden Portionen verzieren.

Pro Portion 314 Kalorien / 1314 Joule

2 ZWISCHENMAHLZEITEN   (pro Person)

½ Becher Kefir, 1,5 % Fett (100 g) = 57 Kalorien / 239 Joule
1 Knäckebrot mit den Scheiben ½ Banane (100 g) = 104 Kalorien / 435 Joule

MITTAGESSEN

Gefüllter Fenchel mit Tomatenreis

Zutaten für 2 Personen:

2 mittelgroße Fenchel-
knollen (400 g)
Salz
100 g Tatar
1 Eigelb
1 EL feine Haferflocken
Pfeffer
Muskat
1 Tasse Gemüsebrühe
(Instant, Reformhaus)

½ Tasse Tomatensaft
1 TL getrocknetes
Basilikum
80 g parboiled Lang-
kornreis
1 mittelgroße Tomate
(100 g)

Fenchelknollen putzen, in leicht gesalzenem Wasser
etwa 15 Minuten kochen, herausnehmen und abtropfen lassen. Die Knollen halbieren und etwas aushöhlen. Das Innere fein hacken und mit Tatar, Eigelb, Haferflocken, Pfeffer, Muskat und Salz vermischen. Alles
in die Gemüsehälften füllen, diese in eine feuerfeste
Form setzen, die Gemüsebrühe angießen und alles im
vorgeheizten Backofen bei 200 Grad 30 Minuten
backen.
Währenddessen Tomatensaft mit etwa 5—6 EL Wasser,
Basilikum und einer Prise Salz zum Kochen bringen.
Den Reis einstreuen und 15 Minuten ausquellen lassen. Reis auf einer Platte um die Fenchelhälften herum

anrichten und mit dünnen Tomatenscheiben garnieren.

Pro Portion 387 Kalorien / 1620 Joule

ABENDESSEN

Reisbrei mit Rosinen und Sanddornsauce

Zutaten für 2 Personen:
2 EL Sultaninen   *Süßstoff*
100 g parboiled Lang-   *6 EL Sanddornsaft,*
kornreis   *ungesüßt (Reformhaus)*
½ Vanilleschote   *2 TL Honig*
2 EL süße Sahne

Sultaninen einweichen. Reis in die doppelte Menge kochendes Wasser einrieseln lassen, Vanilleschote aufschlitzen, ausschaben und mit dem Mark zum kochenden Reis geben. Die Sultaninen zufügen und alles in 15—20 Minuten sanft garen. Den etwas abgekühlten Reis mit der Sahne vermischen und mit flüssigem Süßstoff süßen.
Sanddornsaft mit Honig vermischen und zum Reisbrei reichen.

Pro Portion 330 Kalorien / 1381 Joule

2 ZWISCHENMAHLZEITEN   (pro Person)

1 Scheibe Knäckebrot und ¼ Ecke kalorienarmer Schmelzkäse = 85 Kalorien / 356 Joule
1 kleiner Apfel = 55 Kalorien / 230 Joule

MITTAGESSEN

Fischfilet mit gefüllten Tomaten

Zutaten für 2 Personen:

100 g parboiled Lang-
kornreis
Salz
2 Seelachsfilets (à 125 g)
Zitronensaft
2 TL Pflanzenöl
6 mittelgroße Tomaten
(ca. 400 g)

je 1 EL Petersilie und
Schnittlauch, Kerbel und
Dill, gehackt
1 Ei
1 EL Crème fraîche

Den Reis in der doppelten Menge Wasser mit wenig Salz in 15 Minuten garen. In der Zwischenzeit die Fischfilets waschen, mit Küchenkrepp trockentupfen und mit Zitrone beträufeln. Dann mit Öl einpinseln. Entweder unter den Grill schieben und von jeder Seite 5 Minuten grillen oder ebensolang in einer beschichteten Pfanne von beiden Seiten braten. Die Tomaten waschen, einen Deckel abschneiden und die Kerne mit einem kleinen Löffel herausnehmen. Den Reis in einer Schüssel mit den gehackten Kräutern mischen. Ei mit Crème fraîche verrühren und schnell unter den heißen Reis mit Kräutern mischen. Den Reis in die Tomaten füllen, mit den Fischfilets servieren.

Pro Portion 455 Kalorien / 1905 Joule

ABENDESSEN

Birnenreis mit Preiselbeeren

Zutaten für 2 Personen:

100 g parboiled Vollkorn- *flüssiger Süßstoff*
reis *4 EL Preiselbeeren aus*
1 Stück Zimtstange *dem Glas, ungezuckert*
1 kleine Birne (120 g) *2 TL Rum*

Reis mit der Zimtstange in der doppelten Menge Wasser in 20 Minuten garen. Birne schälen, vierteln, das Kerngehäuse herausschneiden, Frucht in kleine Stückchen schneiden. Unter den fertigen Reis mischen. Vorher die Zimtstange herausnehmen. Zuletzt den Reis mit Süßstoff abschmecken und dann in mit Wasser ausgespülte Dessertschüsselchen füllen und festdrücken, kalt stellen. Preiselbeeren mit der Gabel zerdrücken, mit Süßstoff und Rum abschmecken.
Den abgekühlten Reis auf Dessertteller stürzen und die Preiselbeeren darübergießen.
Pro Portion 235 Kalorien / 984 Joule

2 ZWISCHENMAHLZEITEN (pro Person)

1 Reiswaffel mit Buchweizen und 1 TL Diät-Konfitüre = 41 Kalorien / 172 Joule
1 geraspelte Möhre (150 g) mit 1 TL Zitronensaft und gehackter Petersilie = 53 Kalorien / 222 Joule

MITTAGESSEN

Ratatouille mit Reis

Zutaten für 2 Personen:
2 kleine Auberginen   *frischer oder*
(200 g)   *getrockneter Rosmarin*
2 kleine Zucchini (200 g)   *1 Blättchen Salbei*
2 Paprikaschoten (200 g)   *Salz*
2 mittelgroße Tomaten   *Pfeffer*
(200 g)   *80 g parboiled Vollkorn-*
2 Knoblauchzehen   *reis*
2 TL Olivenöl

Gemüse waschen und putzen: von den Auberginen Stiel und Stielansatz abschneiden und die Auberginen in Würfel schneiden; von den Zucchini Blüten- und Stengelansätze entfernen und Zucchini ebenfalls ungeschält in Scheibchen schneiden; Paprikaschoten halbieren, Kerngehäuse herausschneiden, die Paprika vierteln und in Streifchen schneiden; Tomaten kurz brühen, Haut abziehen, die Früchte halbieren, Stengelansatz herausschneiden und das Fruchtfleisch würfeln. Knoblauch schälen und hacken.
Öl in einem Topf erhitzen, zuerst Knoblauch darin glasig werden lassen, dann Gemüse zugeben, ebenso die Kräuter, zu einem Bouquet zusammengebunden. 4—5 EL Wasser zugießen und das Gemüse im geschlossenen Topf bei milder Hitze im eigenen Saft

eine halbe Stunde schmoren. Zuletzt mit Pfeffer und wenig Salz abschmecken. Reis in der doppelten Menge leicht gesalzenem Wasser in 20 Minuten garen und zur Ratatouille servieren.

Pro Portion 289 Kalorien / 1210 Joule

ABENDESSEN

Reis-Waffeln mit Apfelhaube

Zutaten für 2 Personen:

6 runde Reiswaffeln mit	1 Ei
Buchweizen, ungesüßt	2 EL Crème fraîche
(fertig gekauft,	flüssiger Süßstoff
Reformhaus)	1 Zitrone, unbehandelt
2 Äpfel (à 150 g)	

Die Reiswaffeln in eine flache Auflaufform legen. Äpfel waschen, halbieren und entkernen. Mit der Schale grob raspeln. Eigelb in einer Schüssel mit Crème fraîche und etwas Süßstoff sowie abgeriebener Zitronenschale verrühren. Apfel zugeben. Eiweiß zu steifem Schnee schlagen und unterheben. Alles auf den Waffeln verteilen und im vorgeheizten Backofen bei 220 Grad ca. 15 Minuten überbacken und warm servieren.

Pro Portion 289 Kalorien / 1210 Joule

2 ZWISCHENMAHLZEITEN (pro Person)

1 hartgekochtes Ei, halbiert, das Eigelb mit 1 TL Senf, Pfeffer und 1 Prise Salz verrührt und in die Eihälften gefüllt = 97 Kalorien / 406 Joule

200 g Erdbeeren mit 1 EL süßer Sahne = 79 Kalorien / 331 Joule

21. TAG

MITTAGESSEN

Paprikareis mit Hackfleischröllchen und Tzatziki

Zutaten für 2 Personen:

60 g parboiled Lang-
kornreis
1 rote Paprikaschote
200 g Tatar
Salz
Pfeffer
2 EL Haferflocken
½ TL edelsüßer Paprika
½ TL scharfer Paprika
1 Msp gemahlener
Piment

1 Msp Kreuzkümmel
1 Bund gehackte Peter-
silie
1 TL Olivenöl
1 Becher Magerjoghurt
200 g Salatgurke
1 kleine Knoblauchzehe
½ Bund gehackter Dill

Reis in der doppelten Menge kochendem Wasser in etwa 18 Minuten garen. Die Paprikaschote putzen, abspülen und in kleine Würfel schneiden. Unter den gekochten Reis mischen.

Tatar mit Haferflocken und den Gewürzen sowie der Petersilie und 2 EL Wasser gut verkneten und daraus fingerdicke Röllchen formen. Mit dem Olivenöl eine beschichtete Pfanne auspinseln und die Röllchen von allen Seiten darin scharf braten.

Vom Joghurt das Wasser, das sich abgesetzt hat, vorsichtig abgießen. Salatgurke schälen und grob raspeln, mit dem zerdrückten Knoblauch und dem gehackten Dill unter den Joghurt mischen, wenig salzen. Zu Reis und Hackfleischröllchen reichen.

Pro Portion 333 Kalorien / 1394 Joule

ABENDESSEN

Reis-Kirsch-Auflauf mit Joghurt-Sauce

Zutaten für 2 Personen:

100 g parboiled Vollkornreis
1 kleines Glas eingemachte Sauerkirschen für Diabetiker (Einwaage 195 g, Reformhaus oder Reformabteilung Supermarkt)

5 g Butter
1 Ei
1 Msp Ingwer
flüssiger Süßstoff
1 Magermilchjoghurt
2 EL Kirschsaft
1 TL Rum oder Cognac

Reis in der doppelten Menge Wasser in 20 Minuten garen. Kirschen in einem Sieb abtropfen lassen und unter den Reis mischen. Eine Auflaufform mit Butter einfetten. Reis-Kirsch-Mischung hineingeben. Eigelb mit Ingwerpulver und etwas Süßstoff verquirlen, Eiweiß zu Schnee schlagen und unter das Eigelb heben.

Diese Mischung über den Kirschreis gießen und glatt-streichen. Im vorgeheizten Backofen bei 220 Grad 15 Minuten überbacken. Für die Sauce den Joghurt mit Kirschsaft verrühren, mit Rum oder Cognac, even-tuell noch 1—2 Tropfen Süßstoff abschmecken und zum Reisauflauf servieren.

Pro Portion 301 Kalorien / 1260 Joule

2 ZWISCHENMAHLZEITEN (pro Person)

1 Vollkornzwieback mit 5 g Butter = 81 Kalorien / 339 Joule
200 g Gurke mit Zitrone und Dill angemacht = 25 Kalo-rien / 105 Joule

Alphabetisches Rezeptregister

Ägyptisches Reisgericht 97
Anatolische Reis-Joghurt-Suppe 138
Apfelquark mit Rice Krispies 136
Apfelreis 37
Aprikosenreis mit Brathähnchen 65
Artischockenreis mit Grill-Tomaten 59

Bananen-Brot 72
Bananen-Curry-Reis 110
Birnenreis 41
– mit Preiselbeeren 180
Blumenkohl-Reis-Suppe 76
Bohnen-Reis-Eintopf mit Würstchen 81
Bohnenreis mit Basilikum-Steak 62
Brötchen mit Frischkäse und Tomate 130
– mit Lachsschinken 131
– mit Mozzarella 64
Brot mit Konfitüre 125
Butterbrötchen und Fruchtjoghurt 132

Carpaccio mit Gorgonzola-Reis 66
Champignonpfanne mit Reis 174
Champignon-Reis-Salat mit Artischocken 90
Chinesischer Reissalat 80
Croissant mit Milchkaffee 62
Curryreis mit Putenfleisch 143

Dickmilch mit Honig 135

Ei im Glas mit Brötchen 67
– und Knäckebrot 77

Ei-Reissuppe 50
Erbsenrisotto 152
Erbsensuppe, italienische 99
Estragon-Kabeljau auf Reis 156

Fenchel, gefüllter, mit Tomatenreis 177
Fenchel-Risotto 105
Fischfilet mit gefüllten Tomaten 179
Fisch-Spießchen auf Zitronen-Reis 139
Fischsuppe mit Reis 171
»Frauenschenkel« 167
Früchte-Müsli mit Joghurt 133
Frühlingsreissalat 94
Frühstück, herzhaftes, mit Radieschen-Möhren-Reis 33
–, süßes, mit Aprikosen-Reis 34

Grapefruit und Knäckebrot mit Ei 112
Griechischer Reissalat 83
Gurkenreis mit kalter Putenbrust 172

Hähnchen mit Paprika-Mais-Reis 173
Himbeer-Reis 42
Himbeersauce an Reisomelett 69
Honig-Brötchen 82
Honigbrot 49

Indischer Reissalat 118
Indonesischer Reis 47
Italienische Erbsensuppe 99
Italienischer Salat 77

Joghurt mit Müsli 110

Käsebrot mit Radieschen 131
Käse-Hamburger auf Petersilien-
    reis 162
Kapernreis mit weichgekochten
    Eiern 100
Knäckebrot, herzhaftes und
    süßes 56
– mit körnigem Frischkäse und
    Gurke 95
– mit Pflaumenmus und Kakao
    92
– mit Puten-Aufschnitt 134
– mit Radieschen 53
– mit Tomatenmark und Käse
    135
Knusper-Dickmilch 117
Kohl-Reis-Suppe 44
Kokosreis mit Mangostückchen
    176
Kressebrot und Orangensaft 120
Kressereis mit jungem Kohlrabi
    102

Lammfilet mit Lorbeer-Reis 151
Leberwurstbrote mit Gurke 133
Leberwurst-Gurken-Brot 74

Matjes auf Apfel-Reis-Salat 142
Melone mit Sahnereis gefüllt
    116
Melonen-Reis-Salat mit Parma-
    schinken 63
Milch mit Rice Krispies und
    Banane 101
Milchreis mit Bratapfel 150
– mit brauner Butter und
    Backpflaumen 165
Minestrone 78
Mischbrot mit Konfitüre 130
Möhrencremesuppe 87
Möhren-Reis-Salat 56
Möhren-Risotto auf Salat 113
Müsli mit Apfel 58, 104
– mit Banane 122

Orangenreis mit Feigensauce
    und Pistazien 119
– mit Honig 89
Orange-Vanille-Reis 39
Orientalischer Pilaw mit
    gebratenen Zucchini 125
– Reissalat 75

Paprikareis mit Hackfleisch-
    röllchen und Tzatziki 183
Paprikaschoten mit Reis
    gefüllt 93
Pflaumenreis 40
Pilaw, orientalischer, mit
    gebratenen Zucchini 125
Pilzrisotto mit Salat 137

Räucherlachs mit Meerrettich-
    Reis 68
Ratatouille mit Reis 181
Reis, indonesischer 47
– mit gefüllten Fischröllchen 145
– mit Huhn auf chinesische
    Art 154
– – – und Ananas 169
– mit Paprika und Mais 96
–, pikanter, auf Feldsalat 60
Reisauflauf, herzhafter 147
– mit Birnen 48
– mit Quark und Apfel 126
– mit Würstchen 170
Reisbecher mit Früchten 55
Reisbrei mit Rosinen und
    Sanddornsauce 178
Reis-Brokkoli-Pfanne 73
Reis-Chicorée mit Käsekruste
    153
Reiseintopf mit Pilzen und
    Blumenkohl 148
Reis-Fisch-Salat 164
Reis-Frikadellen, türkische 167
Reis-Gemüse-Suppe 36
Reisgericht, ägyptisches 97
Reis-Joghurt-Suppe, anatolische
    138

Reis-Kirsch-Auflauf mit
  Joghurt-Sauce 184
Reis-Lammpfanne mit Apfel 161
Reis-Lauch-Eintopf 38
Reis-Omelett mit roher
  Tomatensauce 54
Reis-Rettich-Salat 120
Reissalat, chinesischer 80
–, exotischer 114
–, griechischer 83
–, indischer 118
– mit Schinken 157
–, orientalischer 75
–, spanischer 72
Reis-Soufflé mit Kiwisauce 124
Reissuppe mit Fleischklößchen
  144
– mit Gemüse 115
–, süße, mit Trockenfrüchten 84
Reis-Waffeln mit Apfelhaube
  182
Rice Krispies 79
– – mit Erdbeeren 132
Rotbarsch mit Sahnereis 175
Rote Grütze mit Reis 111

Salat, italienischer 77
Schinken-Reis mit Kräutersauce
  160
Schnittlauchbrot 86
Schokoreis mit Birnen 57
Sojabohnenkeime-Salat mit
  Currylinsen 159
Spanischer Reissalat 72

Spargel-Reis-Suppe mit
  Petersilienklößchen 101
Spinat-Reis mit Mozzarella 91

Thunfisch-Reis 49
Tiroler Zwetschgenreis 88
Toast mit weichgekochtem Ei
  und Grapefruit 134
Tomaten, geschmorte, mit
  Kräuterreis gefüllt 123
Tomatenreis 35
Türkische Reis-Frikadellen 167

Vanille-Reiskugel auf
  Erdbeersauce 45
Vollkornbrot mit Frischkäse 46
– mit Kräuterquark 132
– mit Pflaumenmus und
  Milchkaffee 136
– mit Radieschen und
  Grapefruitsaft 98
– mit Tomate und Kresse 44

Wirsing-Reis 141
Wurst-Gulasch mit Reis und
  Sauerrahm 166

Zimtreis mit Ananas 140
Zitronen-Reis mit Pfirsich-
  Schaum 121
Zucchini-Reis-Pfannkuchen 106
Zwetschgenreis, Tiroler 88
Zwieback mit Apfelmus 115

Register nach Sachgruppen

HINWEISE UND TIPS ZUR
REIS-DIÄT

Alkohol 27, 61
Aufbewahrung 21
– von gekochtem Reis 22 f.
Aufwärmen von Reis 23
Bad Bergzabern 109
Bewegung 24
Bluthochdruck 31, 108
Braunreis 13, 14
Büro-Reiswoche 70 f.
Cargoreis 13 f.
Drei-Wochen-Kur 128 ff.
Fleischlose Ernährung 51 f., 85
Honig 53
Inhaltsstoffe 18 ff.
Kaffee 26, 61
Kocharten 21 f.
Kräuterbäder 25
Kur 109
Langkornreis 14
Massagen 25
Milch 26
Milchkaffee 26, 43
Milchreis 14
Mittelkornreis 14
Naturreis 14
Parboiled Reis 17
– Langkornreis 15, 85
– Naturreis 14, 15
– Vollkornreis 14, 15, 85
Quellreis-Methode 21 f.
Reis kochen 21 f.
Reistag 30 ff.
Risotto-Methode 22
Rosmarin-Bad 25
Rundkornreis 14
Salz 16, 31, 86, 108
Sauna 24 f.
Schlemmerdiät 61
Schnellkochender Reis 15
Stoffwechselerkrankungen 108 f.
Süßstoff 53
Tee 61

Trinken 26, 43
Vegetarische Ernährung 52
Vollkornreis 85
Vollwertkost 52, 85
Warme Wickel 25
Wasseransammlungen 31
Wasserreis-Methode 21
Weißreis 15, 17
Zivilisationskrankheiten 18, 52
Zubereitungsmethoden 21 f.

REZEPTE FÜR DAS FRÜHSTÜCK

Apfelquark mit Rice Krispies 136
Apfelreis 37
Bananen-Brot 72
Brötchen mit Frischkäse und
    Tomate 130
– mit Lachsschinken 131
– mit Mozzarella 64
Brot mit Konfitüre 125
Butterbrötchen und
    Fruchtjoghurt 132
Croissant mit Milchkaffee 62
Dickmilch mit Honig 135
Ei im Glas mit Brötchen 67
– und Knäckebrot 77
Früchte-Müsli mit Joghurt 133
Frühstück, herzhaftes, mit
    Radieschen-Möhren-Reis 33
–, süßes, mit Aprikosen-Reis 34
Grapefruit und Knäckebrot mit
    Ei 112
Honig-Brötchen 82
Honigbrot 49
Joghurt mit Müsli 110
Käsebrot mit Radieschen 131
Knäckebrot, herzhaftes und
    süßes 56
– mit körnigem Frischkäse
    und Gurke 95
– mit Pflaumenmus und Kakao 92
– mit Puten-Aufschnitt 134
– mit Radieschen 53
– mit Tomatenmark und Käse 135

Knusper-Dickmilch 117
Kressebrot und Orangensaft 120
Leberwurstbrote mit Gurke 133
Leberwurst-Gurken-Brot 74
Milch mit Rice Krispies und
    Banane 101
Mischbrot mit Konfitüre 130
Müsli mit Apfel 58, 104
– mit Banane 122
Orangenreis mit Honig 89
Pflaumenreis 40
Rice Krispies 79
– – mit Erdbeeren 132
Schnittlauchbrot 86
Toast mit weichgekochtem Ei
    und Grapefruit 134
Vollkornbrot mit Frischkäse 46
– mit Kräuterquark 132
– mit Pflaumenmus und
    Milchkaffee 136
– mit Radieschen und Grapefruit-
    saft 98
– mit Tomate und Kresse 44
Zwieback und Apfelmus 115

HAUPTGERICHTE FÜR DAS
MITTAG- ODER ABENDESSEN

a) Herzhafte Reisrezepte mit
    Fleisch oder Fisch
Aprikosenreis mit Brathähnchen
    65
Bohnen-Reis-Eintopf mit
    Würstchen 81
Bohnenreis mit Basilikum-Steak
    62
Carpaccio mit Gorgonzola-Reis 66
Champignonpfanne mit Reis 174
Chinesischer Reissalat 80
Curryreis mit Putenfleisch 143
Estragon-Kabeljau auf Reis 156
Fenchel, gefüllter, mit Tomatenreis
    177
Fischfilet mit gefüllten Tomaten
    179
Fisch-Spießchen auf Zitronen-Reis
    139

Fischsuppe mit Reis 171
»Frauenschenkel« 167
Gurkenreis mit kalter Putenbrust
    172
Hähnchen mit Paprika-Mais-Reis
    173
Indonesischer Reis 47
Italienischer Reis 77
Käse-Hamburger auf Petersilien-
    reis 162
Kohl-Reis-Suppe 44
Lammfilet mit Lorbeer-Reis 151
Matjes auf Apfel-Reis-Salat 142
Melonen-Reis-Salat mit
    Parmaschinken 63
Orientalischer Reissalat 75
Paprikareis mit Hackfleisch-
    röllchen und Tzatziki 183
Räucherlachs mit Meerrettich-
    Reis 68
Reis, indonesischer 47
– mit gefüllten Fischröllchen 145
– mit Huhn auf chinesische Art
    154
– – – und Ananas 169
Reisauflauf, herzhafter 147
– mit Würstchen 170
Reis-Brokkoli-Pfanne 73
Reis-Chicorée mit Käsekruste 153
Reis-Fisch-Salat 164
Reis-Frikadellen, türkische 167
Reis-Lammpfanne mit Apfel 161
Reissalat, chinesischer 80
– mit Schinken 157
–, orientalischer 75
–, spanischer 72
Reissuppe mit Fleischklößchen 144
Rotbarsch mit Sahnereis 175
Salat, italienischer 77
Schinken-Reis mit Kräutersauce
    160
Sojabohnenkeime-Salat mit
    Currylinsen 159
Spanischer Reissalat 72
Thunfisch-Reis 49
Türkische Reis-Frikadellen 167
Wirsing-Reis 141

Wurst-Gulasch mit Reis und
Sauerrahm 166

*b) Herzhafte Reisrezepte,
vegetarisch*

Ägyptisches Reisgericht 97
Anatolische Reis-Joghurt-Suppe
138
Artischockenreis mit Grill-
Tomaten 59
Bananen-Curry-Reis 110
Blumenkohl-Reis-Suppe 76
Champignon-Reis-Salat mit
Artischocken 90
Ei-Reissuppe 50
Erbsenrisotto 152
Erbsensuppe, italienische 99
Fenchel-Risotto 105
Frühlingssalat 94
Griechischer Reissalat 83
Indischer Reissalat 118
Italienische Erbsensuppe 99
Kapernreis mit weichgekochten
Eiern 100
Kressereis mit jungem Kohlrabi 102
Minestrone 78
Möhrencremesuppe 87
Möhren-Reis-Salat 56
Möhren-Risotto auf Salat 113
Orientalischer Pilaw mit
gebratenen Zucchini 125
Paprikaschoten mit Reis gefüllt 93
Pilaw, orientalischer, mit
gebratenen Zucchini 125
Pilzrisotto mit Salat 137
Ratatouille mit Reis 181
Reis mit Paprika und Mais 96
–, pikanter, auf Feldsalat 60
Reiseintopf mit Pilzen und
Blumenkohl 148
Reis-Gemüse-Suppe 36
Reisgericht, ägyptisches 97
Reis-Joghurt-Suppe, anatolische
138
Reis-Lauch-Eintopf 38
Reis-Omelett mit roher
Tomatensauce 54

Reis-Rettich-Salat 120
Reissalat, griechischer 83
–, indischer 118
Reissuppe mit Gemüse 115
Spargel-Reis-Suppe mit
Petersilienklößchen 101
Spinat-Reis mit Mozzarella 91
Tomaten, geschmorte, mit
Kräuterreis gefüllt 123
Tomatenreis 35
Zucchini-Reis-Pfannkuchen
türkische Art 106

c) Süße Reisrezepte

Birnenreis 41
– mit Preiselbeeren 180
Himbeer-Reis 42
Himbeersauce an Reisomelett 69
Kokosreis mit Mangostückchen 176
Melone mit Sahnereis gefüllt 116
Milchreis mit Brotapfel 150
– mit brauner Butter und
Backpflaumen 165
Orangenreis mit Feigensauce und
Pistazien 119
Orange-Vanille-Reis 39
Reisauflauf mit Birnen 48
– mit Quark und Apfel 126
Reisbecher mit Früchten 55
Reisbrei mit Rosinen und
Sanddornsauce 178
Reis-Kirsch-Auflauf mit
Joghurt-Sauce 184
Reissalat, exotischer 114
Reis-Soufflé mit Kiwisauce 124
Reissuppe, süße, mit Trocken-
früchten 84
Reis-Waffeln mit Apfelhaube 182
Rote Grütze mit Reis 111
Schokoreis mit Birnen 57
Tiroler Zwetschgenreis 88
Vanille-Reiskugel auf
Erdbeersauce 45
Zimtreis mit Ananas 140
Zitronen-Reis mit Pfirsich-Schaum
121
Zwetschgenreis, Tiroler 88